KB193367

나는 교주다

장운철 지음

파람북

동료 기자들이 보낸 추천의 글

《나는 교주다》, 공감이 많이 가는 내용입니다. 필자 역시 그런 사이비·이단 단체들을 취재했기 때문입니다. 더구나 저자 장운철 기자와 각자의 역할을 분담하여 취재에 뛰어들기도 했습니다. 아예 현장에서 함께한 적도 여러 번 있었습니다. 신도로 가장해서 사이비 집회에 갔다가 들킨 적도 있었습니다.

사이비·이단들을 취재하는 것은 때론 위험한 일입니다. 사명감이 있어야 가능한 일이기도 합니다. 사이비 현장을 직접 취재하고, 정말 담대하게 기사화했던 저자의 기자정신에 박수를 보냅니다. 사이비 종교 교주들의 문제를 폭로하고, 사회가 경계할 수 있도록 하는 작업은 매우 중요한 일입니다. 또 누군가는 반드시 해야 할 일입니다.

사이비·이단에 빠진 이들의 삶은 정말 비참합니다. 하지만, 그들은 사이비·이단 안에서 자신들의 삶이 어떠하다는 것을 인지하지 못합니다.

그래서 교주에게 인생을 송두리째 빼앗깁니다. 피해를 입은 사람들이 나중에 깨닫고 그런 집단에서 나와 억울함을 호소하지만, 한국 사회에서 사이비 종교 문제는 쉽게 해결되지 못합니다.

저자가 담담하게, 그리고 재미있고 쉽게 글을 전개하고 있지만, 사실 사이비 단체는 정말 무섭고 두려운 곳입니다. 그들의 유혹의 손길에서 제외되는 이는 아무도 없습니다. 우리 주변의 친구와 가족, 일가 친척들 중에도 연루되어 있는 경우가 많습니다. 미리 예방하고 경계하는 게 최선이라 봅니다.

흥미롭게 읽을 수 있으면서도, 언중유골言中有骨처럼 매우 유익한 교훈을 얻게 될 것입니다. 독자들이 사이비의 미혹에 빠지지 않도록 돕는 좋은 길잡이가 되어주리라 확신합니다.

양봉식 | 하늘의기쁨교회 목사, 전 교회와신앙 사장

저는 이 책에 종종 등장하는 '후배 기자' 정윤석입니다. 한때 영화 '투캅스'처럼 취재현장을 함께 누볐던 선배님의 저술에 추천사를 쓰게 돼 기쁩니다. 저자 장운철 기자는 제게 취재현장에서 어떻게 사건을 접근할 것인지, 또 글은 어떻게 써야 하는지 취재기자로서 갖춰야 할 모든 소양을 거의 1:1 제자훈련을 하듯이 가르쳐준 분입니다.

그는 취재현장에서는 담대했습니다. 서슬 퍼런 협박과 고압적 분위기에도 결코 기죽지 않았고 그들과 인터뷰할 때는 꺾이지 않는 기백으로 그

나는 교주다

들의 논리적 모순을 날카로운 질문으로 드러냈습니다. 기사를 정리할 때는 매우 섬세했습니다. 특히 단어 하나로 법적 문제가 발생할 수 있는 이단 문제 기사를 작성하면서 그는 지금까지 한 번도 소송에서 패소한 적이 없습니다. 그것은 그가 기사를 정리할 때 얼마나 심혈을 기울여 왔는지 보여주는 대목입니다.

이번에 선배님이 쓴《나는 교주다》는 매우 흥미롭고 재미납니다. 사실 취재현장에서는 그다지 즐거운 상황이 아닌 적이 많았습니다. 물리적 폭력을 당할 수도 있었고 문을 걸어 잠그겠다고 위협하는 상대도 있어서, 저자와 현장에 함께 있던 겁 많던 신출내기 기자는 그 자리에서 머리가 하얘지고 공포스러웠던 적도 있습니다. 그런데 이렇게 선배님의 정리된 글을 다시 보니 그때의 위협적이었던 기억은 저리 가고 매우 흥미진진한 추억거리로 떠오릅니다.

저자의 글은 매우 쉽습니다. 요즘 유튜브 채널에서 운동하는 사람들의 쇼츠 영상이 많이 뜹니다. 그중 운동 고수들이 먼저 동작을 보여주면 따라하는 경우가 종종 있었는데, 이상한 것은 영상으로 보면 쉬워 보이는 동작이 직접 따라하려면 보통 어려운 게 아닌 경우가 많았다는 겁니다. 그러면서 깨달은 게 어려운 동작을 쉽게 해내는 게 고수라는 점이었습니다. 저자의 글은 흥미롭고 재미나면서도 매우 쉬운 문체로 정리돼 있습니다. 이는 그가 취재는 물론 취재한 현장을 글로 정리하는 데 매우 탁월한 안목을 가진 '고수'라는 것을 보여줍니다.

저자의 흥미로우면서도 쉬운 문체의 이 책은 단순히 쉽고 재미나는 것으로 끝나지 않습니다. 누구나 이 글을 쉽고 편하게 읽도록 한 것은 결국 교주의 유혹에 내 이웃이 걸려들지 않고 대한민국 시민으로서 바르고 건강하게 자신의 삶을 살았으면 하는 저자의 간절한 마음 때문입니다.

아무쪼록 선배님께서 저술한 《나는 교주다》라는 책을 읽으시면 사이비·이단 전문 취재기자의 경험담을 통해 사이비의 실체를 제대로 알게 되실 겁니다. 그리고 거짓된 종교에 빠져들지 않고 건강한 시민으로서 일상을 살아간다는 것이 얼마나 소중한 일인지 되새기게 되실 거라 확신하며, 기쁜 마음으로 추천합니다.

정윤석 | 기독교포털뉴스 대표

이 책은 사이비·이단 전문 언론에서 30년 동안 근무한 장운철 기자의 교주 취재 무용담입니다. 저자인 장운철 기자는 본인의 선배 기자이기도 합니다. 그는 편집장으로 일할 때에도 사이비·이단 관련 주요 사건이 있을 때에는 현장취재에 나설 정도로 열정적인 사람이었습니다. 사이비·이단에 대한 이해나 취재와 기사 작성 방법 등 여러 면에서 부족했던 저를 장운철 선배는 하나하나 지도하며 도움을 주었습니다. 유난히 법적 소송이 끊이지 않는 사이비·이단 기사의 특성상 문제가 될 수 있는 글에 대한 주의와 사실 확인, 그리고 당사자의 입장 취재 등을 늘 강조했던 모습이 기억에 남습니다.

지난번 퇴직하기 전에 그가 지난 30년 동안의 사이비·이단 교주를 취재하면서 있었던 일화를 책을 출간하려 한다는 계획을 들었습니다. 이번에 책을 만들기 전에 내용을 정리한 파일을 받아 읽어보니 여러 개의 장으로 잘 정리하였습니다. 저자는 자신의 글이 기사 작성을 하던 습관 때문에 일반 독자들이 요구하는 흥미와 구미, 재미를 갖추지 못했을 수 있다고 아쉬움을 토로합니다. 하지만 개인적으로는 다른 책에서 쉽게 접할 수 없는 현장감과 긴장감이 잘 전달됐다고 생각합니다. 생생한 기억을 글로 잘 정리한 저자의 역량을 확인할 수 있었습니다. 독자들은 20세기 말부터 21세기 초까지 활동했던 교주들의 행태를 묘사한 글을 통해 이전에는 경험하지 못했던 재미와 흥미를 느낄 수 있을 것이라고 생각합니다.

저자가 언급하듯 이 책의 내용은 넷플릭스 〈나는 신이다〉에서 미처 다루지 못했던 수많은 교주들의 이야기입니다. 그는 이 책을 통해서 교주들의 전략과 전술이 어떠한지를 알리려 합니다. 물론 이 책에는 그만의 의견과 판단, 그리고 경고와 조언도 첨가되어 있습니다. 왜냐하면 그가 30년 동안 사이비·이단 전문 언론에서 근무한 이유는 무엇보다 사이비·이단으로부터 이웃을 보호하는 것이었기 때문입니다. 이런 점에서 그는 30년 전의 초심을 여전히 버리지 않고 있다고 볼 수 있습니다.

지금까지 말씀드린 것처럼 이 책은 한 사람이 30년 동안 취재했던 사이비·이단이라는 전문분야에 대한 생생한 내용을 담고 있습니다. 실명을 언급하지는 않았지만 이 책에서 다룬 교주의 행태나 내용을 보면 우리가 조심해야 할 사람과 집단에 대한 최소한의 정보를 얻을 수 있다고 생각합니다. 현재 목회를 하고 있는 목사의 입장에서 사이비·이단 교주의 행태를 다룬 이 책은 무척 소중하다고 여겨집니다. 무엇보다 한 사람의 30년 사이비·이단 취재 내용을 담고 있다는 점, 다른 책에서 쉽게 접하지 못하는 교주들의 생생한 이야기를 전한다는 점에서 이 책《나는 교주다》를 적극 추천합니다.

이신성 | 광야교회 담임목사, 전 교회와신앙 취재부장

들어가는 말

넷플릭스Netflix 〈나는 신이다〉(조성현 PD)가 한국 사회에 던져준 충격이 아직도 가시지 않은 상태다. 지난해(2023년) 3월 1일에 방영된 이 프로그램은 신神처럼 추앙받았던 4명의 교주(정명석, 이재록 등)의 어처구니없는 반사회적, 반신앙적 일탈 행태를 8부작 다큐멘터리 형식으로 적나라하게 보도했다.

나는 방영되자마자 곧바로 시청률 1위를 찍었던 이 프로그램의 '이재록' 편에 출연했다. 현장취재기자의 입장에서 이재록 씨의 허무맹랑한 교리와 행태를 증언했다. 신처럼 추앙받는 교주의 모습을, 그 교주로 인해 고통을 호소하는 신도들의 아픔을, 취재한 그대로, 생생하게 전달하려고 노력했다.

넷플릭스 〈나는 신이다〉는 사실 현재진행형이다. 신문이나 방송을 통해 드러난 교주들의 행태는 빙산의 일각이다. 그들의 수는 예상외로 많다. 게다가 그들은 먼 곳에 있지 않다. 상당수는 우리네 생활 반경 안에 들어와 있다. 그러나 우리는 그들을 잘 모른다. 사이비의 행동이 대부분 음성적으로 이루어지고 있기 때문이다.

우리나라에 자칭 신이 몇 명이나 될까? 업계에서는 흔히, (속된 표현으로) '밥 먹고 ×싸는 신'을 약 50명으로 추산하곤 했다. 《내가 신이다》(양형주·정윤석 지음, 기독교포털뉴스, 2023)라는 책에서는 역사적으로 남교주 50명, 여교주 30명이라는 통계를 제시하기도 한다. 그러나 이러한 교주의 수는 겉으로 드러난 숫자일 뿐이다. 사이비의 특성 중 하나가 자기 은폐다. 그들은 겉으로는 순한 양처럼 보이지만, 속으로는 늑대의 음탕한 손길을 보낸다. 그 '늑대'적인 요소들은 심지어 '정상'적인 신앙 단체 안에도 숨어 있다.

작은 실례를 들어보자. 한번은 모 기도원에 1박 2일 일정으로 강의를 간 적이 있다. 강의 내용은 역시 '사이비 척결'에 대한 것이다. 첫날 저녁 강의를 마친 후 주최 측에서 마련해준 안락한 숙소로 왔다. 관계자 한 명이 찾아왔다. 강사를 위한 도우미 한 명을 붙여주겠다고 했다. 그러면서 "젊은 여자로 할까요?"라고 물었다. 나는 순간 깜짝 놀라고 말았다. 미친 소리 아닌가? 심지어 내 강의 주제가 '사이비 척결'인데, 도대체 무슨 말을 하는 것인가? '어떤 사람도 필요 없다'고 하니 그가 그다음에 하는 말이 더욱 가관이었다. "어, 정말요? 다른 강사님들은 원하던데…."

지난 30여 년 동안 나는 양의 탈을 쓴, 또는 '신앙의 탈을 쓴 늑대' 무리들을 추적해 왔다. 그 두목 격인 이단, 사이비 교주들을 대부분 직접 만나고 또 그들의 집회에 직접 참석했다. 인터넷 검색창을 통해 '사이비' 또는 '이단 종교'를 검색하면 내가 쓴 기사들을 숱하게 볼 수 있다. 하지만, 취재 후, 공식적으로 보도하지 못했던 내용들이 있었다.

교주들의 비윤리적이고 비상식적인 한심한 행위들 가운데, 심증은 확실하나 물적 증거가 없어 다루지 못한 이야기들, 또는 표현의 수위가 너무 높아 공개하기 힘든 내용들도 상당했다. 너무도 황당하고 어이없는, 한 편의 콩트나 코미디 클럽 같은 이야기들도, 그 교주들로 인한 피해자들의 구구절절 마음 아픈 이야기들도 마찬가지였다. 차마 보도기자의 펜으로는 다 적을 수 없던 구절들이다.

교주의 성 노리개로 지내면서 '교주가 신이기 때문에 괜찮다'고 말하는 20대 초반의 여신도 이야기, 기사 좀 잘 써달라며 두툼한 돈봉투 들고 찾아온 사이비 신도들의 이야기, 취재 현장 사진 필름 내놓으라며 협박하는 이야기, 계룡산에서 종말이 오고 자신이 중심이 되는 세상이 열릴 것이라는 교주 이야기….

거기에 나의 취재 무용담, 사이비 교주들의 뒷모습들까지 포함해, 기사로 차마 밝히기는 어려운 이야기들을 나는 가슴에만 담아두었다. 사석에서 내 지인들에게 그 내용을 토로할 때면, 지인들은 깜짝 놀라곤 한다. 그리고 '그게 진짜냐'라며 귀를 쫑긋 세운다. 진짜 이야기다.

이 원고의 목적은 분명하다. 사이비 교주의 전략과 전술을 있는 그대로 고발하려는 데 있다. 또한, 그것으로 인해 교주의 유혹에 내 이웃이 걸려들지 않도록 하기 위해서다. 그를 위해 '취재'가 아닌 나의 개인 이야기와 생각들도 실었다. 나는 어떻게 이런 사이비 교주 취재기자의 길을 걷게 되었는지, 사람들은 도대체 왜 이런 사이비 교주에 빠지는지, 어떻게 하면 사이비 교주의 손에 걸리지 않을 수 있는지 등에 대한 것들이다. '예방이 최선의 대책'이라는 말이 있다. 이 책이 예방주사의 역할을 했으면 좋겠다. 사이비를 예방할 수 있는 나름의 방법도 책 후반에 열거해보았다.

이번 원고에 대한 아쉬움도 있다. 먼저 교주들의 실명을 구체적으로 드러내지 않으려 한 점이다. 속 시원하게 그들이 누구인지를 밝히면 좋겠지만, 교주가 '누구인가'라는 것보다는 교주의 '행태가 무엇인가'에 초점을 맞추려 했다. 그것이 오히려 교주들의 행태를 보다 적극적으로 드러내는 데에 도움이 됐다. 그다음은 나의 문장력이다. 그동안 취재기자 입장에서 사실 보도, 증거 확보 등을 늘 염두에 두고 기사를 작성해 왔다. 자칫 법적 송사에 휘말릴 수 있기 때문이었다.

나는 지난해 말, 약 30년 근무한 신문사에서 퇴사했다. 이제 사이비 교주를 직접 취재하는 현장에서 한 발 뒤로 물러났다. 이것을 오히려 사이비 교주 취재 뒷이야기들을 정리할 수 있는 좋은 기회라고 여겼다. 몇 년 전부터 조금씩 기록해 놓았던 이야기들을 다시 컴퓨터 화면에 띄우고 하나씩 하나씩 정리하고 수정하고 엮어보기로 한 것이다. 내가 글을 쓴다고 할 때마다 언제나 나를 응원해준 아내와 자녀들이 고맙고 또 친인척과 지인들에게 감사하지 않을 수 없다. 또한, 본 원고가 출고되는 데까지 수고를 해준 파람북 출판사 관계자에게 심심한 감사를 표한다.

차례

1. 교주로부터 탈출하기

2. 위기의 교주들

3. 가짜 예언자들을 찾아서

4. 오직 사랑이라는 결론을 위하여

"내 명함을 손에 든 그 강사 신도의 얼굴이 순간 백지장처럼 하얗게 변했다."

1. 교주로부터 탈출하기

— 너, 진짜 교주님 아기 낳을 거야?

교주님은 강간범

따르릉…. 전화벨 소리가 울린다.

— 여보세요. 기자님, 제보할 게 있어요. 제발, 꼭 좀 만나주세요.

　다급한 제보 전화다.

— 제 절친이 교주에게 성폭행을 당했어요. 제발….

　증거 녹음 파일도 갖고 있다고 했다. 이런 경우는 신속하게 움직이는 게 좋다. 곧바로 제보자를 시내 한 카페에서 만났다. 나를 만난 제보자의 얼굴엔 분노, 좌절, 당황이 섞여 있었다.

— 너무 황당한 일이에요. 제 친구에게 이런 일이…. 교주가 아주 몹쓸 짓을 했어요.

　제보자는 친구를 도와달라고 했다. 피해를 받았다는 객관적인 증거가 있어야 한다고 조언했더니, 제보자는 친구와 대화한 녹음 파일 등 몇 가지를 담은 USB를 내게 건넸다.

들은 대로 제보자와 그 친구는 '절친', 아주 친한 친구 사이였다. 모두 교주 단체에 소속되어 신앙생활을 하고 있었다. 특히 그 친구는 예쁘고 늘씬해서 단체 내 홍보팀에 소속되어 있었다. 20대 초중반의 여성으로 구성된 이 홍보팀은 교주가 참석하는 각종 행사에 불려 다녔다. 그 행사에서 홍보팀은 노래와 율동 등을 맡았다.

그러던 어느 날 그 친구의 모습이 무엇인가 이상해 보였다. 아무래도 무슨 일이 벌어진 듯했다. 제보자는 이를 직감했다. 친구를 만나 직설적으로 물었다.

―야, 너 요즘 좀 이상한 것 같아. 왜 그래…?

―뭐가….

―너 무슨 일 있지, 요즘 정말 이상해. 솔직히 말해. 무슨 일이야?

―무슨 일? 아무 일도 없어….

―웃기지 마, 너 밤에 교주님 호출받고 간 적 있지. 내가 아는 것만도 여러 번인데….

―아~ 그거~ 교주님이 필요한 게 있다고 하셔서 심부름 좀 한 거야.

제보자는 있어서는 안 될 일이 발생했다고 직감했다. 비록 절친이지만, 강압적으로 다가가면 친구가 도망갈 것 같았다. 살살 달래며 계속 대화를 이어가기로 했다. 그러던 중 그만 충격적인 이야기를 듣게 되었다. 불길한 예감이 적중했다. 역시 교주와의 관계였다.

―어떻게 해, 너~ 그런 일 있고 가만히 있었어?

그 친구도 그동안 답답했는지, 의외로 쉽게 제보자에게 속사정을 털어

나는 교주다

놓았다. 친구는 심부름으로 휴지 등 일상용품을 사 들고 교주의 집엘 찾아갔다. 이때 교주는 속옷만 입고 있었다. 친구는 화들짝 놀라지 않을 수가 없었다. 이때 교주는 그 친구가 딸 같고, 손녀 같다며 등과 어깨 마사지를 해달라고 요구했다. 친구는 심장이 떨리며 어찌할 바를 몰랐지만 계속된 요구에 어깨 마사지를 해주었다고 했다. 그다음 방문했을 때는 더욱 심했다. 교주는 천국에서는 남녀가 모두 벌거벗고 산다며, 나체 상태로 또다시 마사지를 해달라고 요구했다. 교주의 집은 천국과 같다는 궤변을 늘어놓기도 했다.

이때부터 친구는 교주의 전화가 무섭게 느껴졌다. 그렇지만 그의 전화를 받지 않을 수도 없었다. 이는 신에 대한 불신으로 여겨질 수도 있었기 때문이다. 계속된 호출에 친구는 자신도 옷을 벗고 교주를 마사지하는 단계까지 가게 되었다. 그리고 자연스럽게 잠자리까지 같이하게 되었다고 했다.

— 그것이 어때서? 우리 교주님은 신이잖아. 그러니까 신이 원하는 일은 죄가 아니지.

— 야, 어떻게 그런 게 있어. 너는 그것을 순종이라고 생각하는 거야?

— 응.

— 교주가 원하면 누구나 너처럼 다 응해줘야 해? 지난번 H 언니는 울면서 분명하게 싫다고 말했대. 그런데도 교주가 계속 요구를 했다는 거야. 그 언니가 잘못된 거야?

— 내 말이 이상하게 들릴지 모르겠지만, 그냥 믿고 가야 해.

녹음 파일은 약 30분짜리 2개였다. 그 친구는 너무도 당당하게 자신이 교주에게 성폭행당했다는 사실을 믿음의 행위, 사랑의 행위라고 설명하려고 했다. 오히려 그 친구는 제보자에게 교주에 대한 믿음이 없다며 질타하기도 했다.

— 너는 그게 좋았어?

— 뭐가?

— 교주랑 같이 옷 벗고 있는 거….

— 어…. 나도 사람이잖아. 처음엔 나도 싫었지. 그런 일을 겪어보지도 못했고…. 그런데 '신과 함께 영의 차원에서 좀 더 깊이 알아가는 시간이다'라고 생각했지. 내가 이제 막 홍보팀에 들어와서 지금은 알아가는 시간이니까.

— 그런 행위가 옳다면 교주가 당당하게 신도들 앞에서 나는 여러분과 성관계를 해도 된다고 말하면 되지, 왜 몰래 너 같은 애들을 따로 불러서 그런 짓을 해?

— 아니야, 그것은 오히려 우리에게 감사한 일이지. 교주님이 우리를 선택해주신 것이잖아.

사이비 교주에 의한 전형적인 '그루밍 성범죄'의 모습이다. 여신도를 오랜 시간 동안 심리적으로 지배한 뒤 성폭행을 가하는 일이다. 피해자는 자신이 성폭행당했다는 것조차 인식하지 못하고 오히려 교주의 못된 짓을 '감사'한 것으로 여기게 된다. 사이비 종교에서 자주 발생하는 일이다.

제보자와 그 친구는 초등학교 때부터 교주의 단체에서 신앙생활을 했다. 그 단체는 남녀의 교제를 허락하지 않았다. 청춘 남녀가 서로 만나 데이트를 하거나, 손을 잡는 것조차도 못하게 했다. 그러한 행위를 모두 음란의 '죄'라고 여겼다. 반면에 신도들은 교주를 신으로 여겼다. 물론 신도들은 공식적으로 교주를 신이라 말하지는 않았고, 심지어 교주도 자신은 신이 아니라고 분명히 말하기도 했다. 그러나 내부적으로 신도들은 '교주=신'임을 당연한 것으로 여기고 따랐다. 집회 중 어느 신도가 환상을 보았다며 '우리 교주님은 신이다'라고 말하는 일이 자주 있었다. 교주는 그러한 신도를 '잘못됐다'며 제지하지 않았다. 오히려 '맞다'는 듯 흐뭇한 표정으로 지켜보곤 했다.

— 그럼 너, 만약에 너에게 교주의 아기가 생기면 어떻게 할 거야, 낳을 거야?

— 거기까지 생각 안 해봤는데…. 생기면 낳아야지. 그것도 영광이겠지.

— 아아! 정신 차려….

이때 제보자는 친구에게 정신 차리라고 질책했다. 아니 하소연했다는 게 더 어울려 보였다. 제보자는 사실 자신에게도 비슷한 일이 있었다며 그 친구에게 고백했다. 친구를 설득하기 위해 자신의 속사정도 털어놓았다.

— 야, 내가 왜 이 단체에서 쫓겨났는지 알아?

— 그래, 너 참, 왜 쫓겨났어?

— 사실 나에게도 너처럼 비슷한 요구가 들어왔어. 교주님이 나를 특별하게 생각하고 있다며 밤에 자신의 숙소로 한번 찾아오라는 거야.

그래서 찾아갔지. 역시 교주님이 그때도 팬티만 입고 있었어. 정말 깜짝 놀랐지. 교주님은 나에게도 안마를 해 달라는 거야. 너무도 태연하게…. 나는 그 소리에 그만 뛰쳐나왔어. 그대로 도망갔지. 그랬더니 이튿날부터 다른 사람을 통해 계속 연락이 온 거야. 교주님이 계속 나를 찾는다고 했어. 아무리 생각해도 이것은 아니다 싶었어. 그래서 나는 계속 안 가겠다고 했지. 그랬더니 쫓겨난 거지.

—아….

제보자와 친구는 잠시 말이 없었다. 자리를 옮기자는 말에 둘은 카페에서 나와 걸었다. 녹음에는 걸어가는 발소리까지 또렷하게 들렸다. 둘은 걸으면서 다시 대화를 이었다.

—너는 교주가 만약에 단상에서 많은 신도들이 보는 앞에서 너에게 옷을 벗으라고 하면 벗을 거야?

—음…. 정말 그렇게 요구한다면 순종해야지.

—뭐, 그게 말이 돼? 그게 순종이야?

—왜 말이 안 돼? 교주님이 하신 말씀은 다 옳아. 나는 상관없어. 부끄러운 일이 아니야.

그 교주는 오랫동안 그 단체 안에서 신격화 놀음을 해왔다. 그 단체에는 교주를 신격화시키는 몇 명의 특별한 신도들이 존재했다. 소위 '신매자神媒者'들이다. 신매자는 '신과 신도 사이에 매개媒介가 되어 신으로부터 직접 받았다는 메시지를 전달해주는 역할'을 해왔다. 그곳에선 '특별 은사자'라고 불렸다. 즉 그들은 신의 메시지를 전한다며 바로 자신들의 교주를

나는 교주다

신이라고 부르며 추앙하는 역할을 맡았다. 그들은 이런 식으로 말했다.

— 우리의 교주님은 죄가 전혀 없습니다.

— 죽음조차 피해 갑니다.

— 우리 꿈속에 오셔서 안수(손을 얹고 기도하는 것)해주시고, 축복해주십니다.

신매자들이 집회 중에 이런 말을 하면 교주는 흐뭇해하며 박수를 쳤다. 자신이 바로 신격화된 존재라는 것을 보여주는 행동이었다. 신매자들의 교주 신격화 내용을 조금 더 들어보자.

— 우리 교주님은 신의 보좌에 앉아계십니다.

— 우리는 해와 달 속에서 교주님의 얼굴을 볼 수 있습니다.

— 우리 교주님이 부르면 하늘의 신들도 내려옵니다.

— 하늘의 신께서도 우리 교주님을 '주님'이라고 부르기도 합니다.

신도들, 특히 어려서부터 위와 같은 메시지를 들으며 성장해온 신도들에게 교주는 말 그대로 '전능한 신'이었다. 이렇게 가스라이팅당한 신도들 중 이쁘고 날씬한 여성을 교주와 연결시켜 주는 손이 있다. 그들에 의해 교주의 못된 행실이 나타나게 된 것이다. 이러한 일을 싫어하는 신도들은 눈치채고 이미 그 단체를 떠났다. 남아 있는 신도들은 그대로 '세뇌' 당할 수밖에 없다. 교주를 진짜 신으로 믿는 것 외에 다른 방법이 없다. 이쯤 되면 교주가 '벗으라'고 할 때, 그것도 '감사합니다'로 반응하게 된다.

성폭행 문제 해결은 결코 쉽지 않았다. 물적 증거도 있어야 하지만, 더 중요한 것은 당시 법률상 그 피해자가 직접 고소를 해야 한다는 점이었다. 누가 대신해 줄 수 없었다(2013년 해당 법은 개정되었다). 또 그 피해의 상황을 객관적으로 피해자가 직접 증명해야 한다. 이 점도 어려운 부분이다.

이렇게 어려운 상황 속에서도 큰 용기를 낸 이들이 있었다. 위 교주의 성폭행 사실을 폭로한 것이다. 몇몇 피해자들이 그 교주를 고소했다. 법의 심판을 받게 하겠다고 나섰다. 이제부터 법정 싸움이다. 결코 쉬운 일이 아닌 줄 알면서도 나섰다. 그들은 성폭행 피해 사실을 다시 기억해서 진술해야 했다. 그 당시 기억을 다시 살리는 것 자체가 고통스러운 일이다. 녹음 파일 등 피해를 입증할 만한 모든 증거를 모아 제출했다. 객관적 증거가 없으면 불리하다. 또 구체적이고 일관된 피해 진술을 여러 번 해야 한다. 이것도 힘든 일이다. 고소를 당한 교주 측에서도 가만히 앉아 있지 않았다. 피해자들의 증언을 '거짓말'이라며 값비싼 변호사를 동원해 맞대응했다. 또한, 어제까지만 해도 '언니', '동생'하며 친하게 지냈던 신도들이 교주 편에 서서 반대 증언을 하기도 했다. 심지어 피해자들을 비난하는가 하면 피해자들을 회유하려고도 접근했다. 소송 시간도 오래 걸렸다. 피해자들은 이 모든 것을 극복해야 했다.

이 사건에서 성폭행 피해를 입은 여성들은 용기를 내어 교주를 법정에 세웠다. TV 방송도 이 사건을 다루었다. 그 교주의 성폭행 의혹 사건이 TV 전파를 타고 전국에 보도됐다. 많은 이들에게 충격이었다. 그 교주는 출국 금지를 당했고 당일 즉각 구속됐다. 여신도 상습 성폭행(준강간) 혐의로 1심 재판이 6개월 동안 진행됐고, 결론이 내려졌다. 실형 15년형이

나는 교주다

었다. 법원은 더불어 80시간의 성폭력 치료 프로그램 이수, 10년간의 아동 청소년 관련 기관 취업 제한 등도 명령했다.

　재판을 진행한 판사는 "피해자들은 어릴 때부터 교회를 다니면서 신앙을 갖고 피고인(교주)을 신적인 존재로 여기며 복종하는 것이 천국에 갈 수 있다는 일로 믿었다"라면서 "피고인은 피해자들이 반항하지 못하는 처지를 악용해 20대인 신도들을 상습적으로 추행하고 강간하는 등 비난 가능성이 매우 크다"고 판결문을 낭독했다.

재판을 지켜보던 피해자들은 눈물을 흘렸다. 정의는 살아 있다며 기뻐했다. 재판 도중 피해자들의 신분이 일부 노출되어 제2, 제3의 피해를 당하기도 했다. 1심 판결이 나왔음에도 불구하고 피해자들이 마냥 기뻐할 수도 없다. 교주 측은 즉각 항소한다고 밝혔기 때문이다. 항소심(2심 고등법원)과 또 상고심(3심 대법원)을 거치면 형량이 크게 줄어들 수도 있다. 많은 경우가 그렇다. 만약 대법원까지 가서 형량이 절반 이하로 크게 줄어서 판결이 나온다면 피해자들은 다시 절망에 빠질 수 있다. 교주 측이 어떤 보복을 할 수도 있다는 두려움에 시달리게 된다. 기자인 나도 3심까지 간다면 최소 절반 정도로 형량이 줄어들 수도 있겠다고 생각했다. 그래서 내심 1심 판결이 20년 이상 실형이 나오기를 소망했었다.

　항소심 결과가 나왔다. 그런데 이게 어찌 된 일인가? 그 교주에게 실형이 17년이 나온 것이다. 내가 잘못 본 것은 아닌가 의심했다. 아니다. 정말 17년형이다. 1심 15년보다 오히려 2년 더 늘었다.

'와~ 대박.'

이 결과를 보고 나도 피해자 가족처럼 좋아했다. 정의가 흔들리지 않았다는 마음에 가슴이 벅차기도 했다.

교주 측은 다시 대법원에 상고했다. 예상대로였다. 그들은 상고심에 좀 더 기대를 걸어보려 한 모양이다. 상고심에서는 항소심 판결이 좀처럼 뒤집히지 않는다고는 하지만, 그래도 약간의 긴장감이 있었다. 교주 측은 신도들에게 대한민국에서 가장 유능한 변호사에게 의뢰했기 때문에 무죄로 나올 것이라고 홍보했다. 실제로 그들은 돈이 많았다. 유명하고 비싼 변호사를 고용한다는 게 허풍만은 아니었다.

몇 개월 후, 마지막 항소심 결과가 나왔다. 대법원도 그 교주에게 17년 실형으로 확정판결을 내렸다. 멋진 일이었다. 종교의 탈을 쓴 그 사이비 교주의 악행은 비로소 여기서 멈추게 되었다. 법정 싸움으로 여기까지 오는 데 약 1년 6개월이 걸렸다. 대법원 판결이 나오니 많은 신도가 그 단체에서 탈퇴했다. 지방의 지부들도 상당수 문을 닫았다. 직접 고소에 나서 준 피해자들에게 다시 한번 박수를 보낸다.

—애들아, 바깥 문 걸어 잠가라!

악의 소굴에서 빠져나오는 기술

잘 알려진 사이비 단체 취재 계획이 잡혔다. 그곳 역시 교주를 신으로 믿고 있었다. 문제는 이 단체가 매우 폐쇄적이어서 그 내부 모습이 알려진 바가 거의 없다는 점이었다. 물론 사이비 단체는 대체로 음성적이며 폐쇄적이다. 겉으로는 인터넷 사이트를 통해 개방된 것처럼 보여도 실제로는 그렇지 않다. 그들이 보이고 싶은 것만 보여줄 뿐이다.

문제의 단체를 취재하기 위해서는 잠입하는 방법밖에 없었다. 그 지부가 전국에 있었는데, 서울에 있는 한 곳을 선택했다. 나의 잠입 취재 대상지다. 먼저 해당 지역을 사전 답사했다. 지부 근처에 있는 골목길, 편의점, 초등학교와 중학교, 교통편 정보 그리고 인근 아파트 이름들을 숙지해 놓았다. 이 지역에 새로 이사 온 주민이라면 당연히 알고 있어야 할 정보들을 미리 정리했다.

이제 나 자신이 '누구'인가에 대해 설정해야 한다. 이 지역에 새로 이사 온 주민으로, 일반 사무직으로 직장에 다니다가 잠시 휴식을 취하고 있는 중년의 남자다. 경제적으로도 부족함이 없는 상태다. 물론 결혼해서 가정도 갖고 있다. 신앙생활 경력은 2~3년이다. 신앙에 대한 열정은 있으나 신앙생활을 어떻게 하는지 방법을 모르는 상태다. 제일 중요한 것은 신앙생활을 다시 시작하고 싶고, 그런 단체를 찾고 있다는 설정이다. 이 정도면 어느 신앙 단체에서나 관심을 가질 법한 사람이다.

잠입 취재를 위해 설정한 이미지가 또 하나가 있다. '똑똑하면서 바보 같은 사람', 한 마디로 '헛똑똑이'다. 구체적으로는 '어려운 것은 종종 이해하면서, 쉬운 것은 의외로 이해 못 하는 좀 어정쩡한 인간'으로 행세하기로 했다. 이런 모습이 취재에 도움이 된다. 그들은 이런 스타일을 좋아한다. 자신들의 먹잇감으로 말이다.

이번 잠입 취재에는 후배 기자와 일부 동행하기로 했다. 2인 1조다. 조금은 위험할 수 있는 취재라 판단했기 때문이다. 그 후배와는 오랫동안 취재를 함께해왔기 때문에 호흡이 잘 맞았다. 물론 잠입 취재의 시작은 나 혼자 진행했다. 남자 둘이서 처음부터 함께 다니는 것은 의심을 불러일으킬 수도 있으리라 판단했다. 그 지부 앞에 도착했다.

— 계세요?

— 누구세요?

— 네. 여기가 교회인가요? 교회를 좀 찾고 있는데….

지부의 출입문이 살짝 열려 있었다. 문을 열고 들어가 말을 건넸다.

— 네. 어서 오세요.

나는 교주다

서너 명의 여신도들이 그곳에 있었다. 그들은 나를 보고 반갑게 맞이해줬다. 반대로 생각해보자. 일반적으로 누군가 신앙생활을 하겠다며 자신의 단체에 찾아온다면 반가운 일이 아닌가. '굴러들어온 떡'과 같은 일일 게다. 그를 신자로 포섭하기 위해 친절하게 대해주며 반기는 게 당연하다. 상황이 예상과 동일하게 진행되고 있었다.

물론 처음부터 나에 대해 의심이 전혀 없다고 할 수는 없다. 단순한 도둑은 아닌지, 무슨 물건을 팔러 온 잡상인은 아닌지 또는 자신들의 비밀을 파헤치기 위해 온 탐정은 아닌지 등 한껏 따져볼 것이다.

한 남자 신자가 나에게 다가왔다. 그가 나를 한두 평 크기의 작은 방으로 안내했다. 그의 취조와 같은 질문이 시작됐다.

— 교회는 다녀보셨나요?

— 네, 어려서 조금, 여기로 이사 오기 전에 한 2~3년 다녔습니다.

— 그곳은 장로교인가요? 감리교인가요? 아니면 어디인가요?

교단을 묻는 질문이 단순해 보여도 '미끼'일 수 있다. 교회를 다니는 많은 이들이 자신의 교단이 어느 소속인지 잘 모른다. 장로교라고 할 때 더욱이 어느 교파에 속해 있는지를 아는 이는 훨씬 줄어든다.

— 아~ 장로교인가 감리교인가…. 잘 모르겠는데요. 그게 중요한 것인가요?

일요일에 예배만 드리고 집에 오는 2~3년 차 신앙인 수준의 답을 냈다. 신앙의 열정은 조금 있지만 '나는 왕초보입니다'를 고백하는 말이었다. 앞서 나의 이미지는 '헛똑똑이'로 설정된 바 있다. 똑똑한 듯하면서도 바보 같은 이미지에 어울리게 대답하려고 했다. 그 신도는 나의 개인 신상 정보에 대해 물었다. 이름, 전화번호, 주소, 가족관계 등을 묻는 카드를 내밀었다. 흔히 어느 단체 등록을 할 때 기록하는 입회 카드와 같은 것이다. 그 카드에 이름과 휴대전화 번호를 기록했다. 그 정도면 기본적인 신뢰를 쌓는 데 부족하지 않으리라 봤다. 그 신도는 내가 작성한 카드를 집어 들고 집 주소와 가족관계 등의 정보를 더 기록하라고 요구했다. 여기서 한 번쯤 튕겨주는 것도 좋다. 마치 시장에서 물건을 살 때, 안 사겠다고 가게를 나가는 것과 같은 행동이다.

— 저 아직 이곳을 다니겠다고 완전히 결정한 것도 아닌데…, 저 그냥 다음에 올게요.

내가 일어서려고 하자, 그 신도는 다급하게 자세를 바꾸었다.

— 아! 아닙니다. 죄송합니다. 제가 무례했습니다.

내 예상이 적중했다. 그는 갑자기 태도를 바꿨다. 공손해졌다. 이제부터는 내가 오히려 주도권을 잡고 대화를 할 수 있게 됐다.

그 신도는 자신들의 단체에 들어오려면 3개월 정도 교리공부를 먼저 해야 한다고 했다. 그 교리공부를 마치지 않으면 매주 진행되는 자신들의 집회에 참석할 수가 없다고 했다. 일반 교회에서는 처음 간 사람도 집회에 참석할 수 있다고 언급하자, 그는 자신들의 단체는 일반 교회와 다르다고 강조했다. 당연하다. 교주를 신으로 믿고, 신격화 놀이를 하는 그곳이 일반 교회와 같을 수는 없는 일이다.

— 그 교리공부를 언제 시작하나요?

나는 교주다

— 선생님께서 괜찮다면 오늘부터 시작할 수 있습니다.

— 그래요. 그럼 지금부터 시작하시죠.

내가 적극적인 반응을 보였다. 그래서 그날 곧바로 그들의 교리공부가 시작되었다. 나는 직장생활을 잠시 쉬고 있다고 했다. 시간적 여유가 있는 중이라고 말했다.

— 오, 이런 게 있었군요.

교리공부를 하면서 약간은 과한 반응을 보이기도 했다. '이런 거 그 전 교회에서 들어보았습니까', '이렇게 공부해보니 어떻습니까' 등의 질문에 대해 그 강사가 원하는 답을 적당히 던져주었다. 그러자 강사로 나선 그 신도는 더욱 열정적으로 공부를 진행했다.

— 나는 현재 시간 여유가 있으니, 일주일에 두 차례씩 공부하면 어떨까요?

내가 일주일에 두 번씩 공부하자고 역제안을 했다. 한두 달 있으면 내가 다시 취직해야 하기 때문이라고 말했다. 그 신도에게 둘 중 하나의 반응이 나올 수 있다. 너무 적극적인 모습에 '좀 이상하다'라고 여기거나 '대박이다'라며 좋아할 수 있다. 내 입장에서도 취재 기간을 가능한 대로 짧게 하고 싶었다. 다행히 그는 후자의 반응을 보였다. 나의 제안에 호의적인 태도를 보였다. 아마도 그 신도가 나를 교육함으로 인해 어떤 실적이 올라가는 듯해 보였다. 그래서 그 교리공부는 일주일에 두 번씩 진행됐다. 교육을 시키는 신도도, 교육을 받으려는 나도 모두 만족했다.

취재의 기본 중 한 가지는 '물증'을 확보하는 것이다. 취재取材라는 단어를 보면, 취할 '취'와 재료 '재' 자로 구성되어 있다. 취재란 따라서 기사에 필요한 자료들을 많이 취한다는 뜻이 된다. 민감한 보도를 할 때는 기자의 느낌이나 감정을 가지고 기사를 써서는 안 된다. 확실한 증거가 반드시 요구된다. 증거가 없으면 기사도 없다. 특히 사이비가 주제라면 음성녹음, 영상, 책, 그 외에 어떤 자료든 물증을 갖춰야 하고, 그러한 것이 없으면 비록 내용이 명백한 사실이라 하더라도 공식적으로 보도하기 힘들다. 그러니 취재부터 철저히 증거 중심으로 해야 한다.

당시 이 단체에 대해 공개된 자료가 그리 많지 않았다. 몇 가지 떠도는 것도 그 내용이 피상적인 것에 불과했다. 내부에서 자료를 구해야 했다. 교리공부를 할 때 작성된 필기 내용도 중요한 자료에 해당한다. 나는 노트를 하나 마련해 갔다. 내가 준비한 노트이니 내가 다시 가지고 갈 수 있다. 둘째 날부터 강의를 열심히 메모했다. 필요할 경우 그 강사에게 직접 그림과 도표를 내 노트에 그려달라고까지 했다. 물론 증거를 위해 강의 전체 내용을 녹음하기도 했다.

내가 강의 내용을 내 노트에 직접 그려달라고 부탁한 게, 강사에게는 좋아 보였던 모양이다. 강사는 나에게 '적극적인 자세가 마음에 든다'며 칭찬까지 했다. 나는 '무엇이든 한번 일을 시작하면 끝장을 보는 스타일이다'라고 응수를 했다. 흔히 할 수 있는 말들이다. 그는 더욱 열심히 강의했다. 강의 시간은 매번 약 2시간씩 진행됐다.

강의 내용이라는 것은 한마디로 한심한 수준의 연속이었다. 포인트는 분명했다. '교주는 신'이라는 말이다. 또 내가 그 방향으로 질문을 던지며

유도하기도 했다. 확실한 증거를 강사의 말로 또 그가 직접 작성한 메모로 얻기 위해서였다. 물론 예비신자의 자격으로 참석한 나에게 강사 신도는 쉽게 그 내용을 언급하려 하지 않았다. 대신 사람이 어떻게 신이 될 수 있는지 등에 대해 말하기 시작했다. 강의가 진행될수록 천국에 가기 위해서는 자신들의 교주를 믿어야 한다는 등 내용이 조금씩 깊어졌다. 또 자신들은 일반 교회와 달리 신을 직접 만날 수 있기 때문에 천국행이 보장된다고도 했다.

그 신도와의 강의가 끝나면 곧바로 신문사 사무실로 돌아와 그날의 강의를 요약 정리해야 했다. 녹음한 것을 다시 들어가면 그 강사 신도의 발언을 그때그때 정확하게 녹취를 해야 했다. 일주일에 두 번씩, 그것도 한 번에 2시간 정도 진행되는 내용의 양이 제법 많았다.

후배 기자는 두 번째 강의 시간부터 참석했다. 이전 회사 후배였다며, 좋은 강의가 있어서 내가 데려왔다고 소개했다. 예비신자인 내가 한 사람을 전도하기까지 한 셈이다. 강의에 적극성을 보이는가 하면 새로운 사람 전도까지 했으니 그 강사는 너무너무 좋아했다. 그 강사의 눈에 나는 이쁜 짓만 골라서 하고 있는 복덩이였다. 그때까지는 그랬다. 후배 기자에게는 종종 강의에 빠지라고 했다. 나에게 집중하게 하기 위해서다. 후배 기자도 얼씨구나 좋아했다.

이 단체에 드나드는 게 처음 한두 번은 어색했지만 이내 익숙해졌다. 신도들도 많이 반겨주었다. 조금 일찍 도착하면 신도들이 음료수 등을 내오면서 그들의 교리공부에 대해 격려까지 해주었다. 이쯤 되면 '잠입'이라는 게 어느 정도는 성공한 것이라 할 수 있을 것이다.

어느 정도 시간이 흘렀다. 기본 교리공부가 대략 마쳐졌다. 보통은 6개월
이상 걸린다고 하는데 나는 3개월 만에 끝났다. 일주일에 두 번씩 빠지지
않고 정성을 다해 참석했으니 당연한 결과다. 이때부터 나는 '마무리'의
시점을 정해야 했다. '기자'라는 나의 신분을 밝히고, '교주=신'이라는
등의 교리에 대한 주최 측의 공식 입장을 들어야 하는 일이다.

　이때 그 강사로부터 '세례를 받으라'는 주문이 들어왔다. 나는 이미 이
전 교회에서 세례를 받았다고 말했다. 또한 그들의 세례를 받고 싶지 않
았다. 정말 그런 체험은 하기 싫었다.

　그 강사는 일반 교회에서 받은 세례는 필요 없는 것이라며 자신들의
방식대로 세례를 받아야 한다고 강조했다. 그래야 자신들의 생명책에 이
름이 기록되고 또 천국에 갈 수 있다고 했다. 또 그래야만 이후부터 정식
으로 자신들의 집회에 참여할 수 있다고도 했다. 순간 많은 고민이 내 머
릿속을 가득 채웠다. '이런 사이비 단체에서 세례를 받아도 되나? 이렇게
하다가 내 개인 신앙 자체가 무너지는 것 아닌가?'

　여기까지 취재를 하고 중단해도 아무 상관이 없다. 누가 뭐라고 하겠
나? 교주 신격화 교리는 충분히 취재했다. 이 단체의 실체를 나만큼 많이
취재한 기자가 누가 있겠는가. 취재도 취재지만 이곳을 빠져나가고 싶었
다. 이제는 구역질이 날 만큼 싫어졌다. 기도가 저절로 나왔다.

　'아! … 계속 취재를 해야 합니까? 이들의 실상을 취재하여 폭로하는

게 저의 일이긴 한데…. 저의 신앙이 무너지지는 않을까요? 여기서 취재를 중단할까요?'

담대한 마음을 갖기로 했다. 오직 취재를 위해서다. 나의 신앙을 걱정했다면 잠입 취재 자체를 하지 말았어야 했다. 아니, 그보다 취재기자의 길을 걷지도 말아야 했다. 눈 딱 감고 그들의 세례를 받기로 결정했다.

— 잘 생각하셨습니다. 큰 복이 임할 것입니다. 세례 받으시려면 이쪽으로 오십시오.

그 강사 신도는 욕실과 같은 곳으로 나를 안내했다. 목욕 가운 하나를 건네주며 속옷까지 모두 벗고 갈아입으라고 했다. 속옷까지 모두? 아! 이제 정신적으로 또 육체적으로 완전히 발가벗겨진 상태. 조금은 불안한 마음도 들었다. 이 상태로 여기서 감금되는 것은 아닐까? 고문을 당하는 것은 또 아닐까? 혹 욕실 주변에 그런 흔적은 없나? 이런저런 끔찍한 생각도 순간 스쳐 지나갔다. 목욕실에는 특별한 것이 보이지는 않았다. 큰 통에 물이 가득 차 있는 정도뿐이다. 비상용 물? 고문용 물? 아…. 다시 머리가 복잡해졌다. 그 강사가 준 목욕 가운을 갈아입었다. 잠시 후 그 강사 신도가 들어왔다.

— 자, 이제 세례를 진행하겠습니다. 무릎 꿇고 앉으세요.

— 이 바닥에요?

— 예. 그럼요.

욕실 문이 활짝 열린 상태다. 밖에서 다른 신도들도 내 모습을 보고 있었다. 무릎을 꿇고 앉았다. 그 신도는 내 머리에 자신의 손을 얹고 무엇인가 길게 기도를 했다. 그 순간 긴장한 탓인지 무슨 말을 했는지 내 귀에 들리지 않았다. 그냥 그런 상황과 순간이 너무도 싫었다.

그 신도의 기도가 끝났다. 내가 일어서려고 하니 그 강사는 눈을 감고 가만히 앉아 있으라고 했다. 그 신도가 내 머리에 다시 자신의 한 손을 얹었다. 그리고 바로 옆에 있던 물통에서 바가지로 물을 떴다. 그 소리가 내 귀에 잘 들어왔다. 그리고 내 머리 위에 그 바가지 물을 부었다. 느닷없는 물세례에 깜짝 놀랐다. 물벼락이었다. 더욱이 그 물은 차가웠다. 내 몸이 잠시 흔들렸다. 내 머리에 얹어있던 그 강사의 손에 힘이 들어갔다. 가만히 있으라는 의미로 읽혔다. 그러면서 그는 큰소리를 쳤다.

─성부 하나님!

정신이 번쩍 들었다. 욕실 밖에 있던 신도들도 내 모습을 보고 있었다. 특별한 반응을 보이지 않았다. 기도하는 듯했다. 다들 이런 방식의 세례를 거쳤던 모양이다. 두 번째 바가지에 물을 담는 소리가 들렸다. 다시 한 번 물벼락을 맞을 시간이다. 그 강사 신도가 다시 한 번 물을 내 머리에 쏟아부었다. 이미 한 번의 경험이 있었지만, 그래도 내 몸이 깜짝 놀라지 않을 수가 없었다. 그 신도는 또다시 소리쳤다.

─성자 예수님!

이 순간엔 약간 웃음도 나왔다. 취재하면서 참 많은 경험을 하고 있다는 생각이다. 코미디 같았다. 그냥 그렇게 생각이 들었다. 세 번째 물 담은 바가지가 내 머리 위로 옮겨졌다. 그가 물을 부으며 또 크게 소리쳤다.

―성령 ○○○ 교주님!

'으악!' 이게 무슨 일인가. 세 번째 물을 부으면서 그 강사 신도는 교주 이름을 크게 부르는 것이 아닌가. 너무도 당연하다는 듯이 그 교주를 '성령님'이라고 대놓고 불렀다. 순간 내 몸을 한 번 틀었다. 아니 저절로 움직여졌다고 하는 게 더 정확한 표현이다. 벌떡 일어날 뻔했다. '이런 거지 같은⋯. 내가 저 사이비 교주 이름으로 세례를 받다니⋯.' 더 이상 못 참겠다는 마음이 '훅~' 일었다.

'짝짝짝~~' 욕실 밖에서 박수 소리가 크게 들려왔다. 신도들이 축하한다며, 환영한다며 박수를 치고 있었다. 그 강사 신도 역시 나에게 악수를 청하며 축하한다고 말했다. 아~ 이게 축하받을 일인가? 나는 몸서리칠 만큼 싫었고 짜증 나는 일이었는데⋯.

다시 내 옷으로 갈아입고 젖은 머리도 말리고 욕실 밖으로 나왔다. 신도들이 다가와 더욱 친근하게 축하의 말을 다시 해주었다. 이제야 자기네 사람이 되었다는 의미처럼 들렸다.

강사 신도가 다시 나를 불렀다. 세례를 받았으니 성찬식을 해야 한다고 했다. 갈수록 그들의 폐부 속으로 깊이 들어간다는 느낌이었다. 그와 함께 강당 홀 중앙에 앉았다. 신도들이 미리 준비해 놓은 포도즙과 작은 빵조각이 있었다. 내가 그들의 세례 받을 때 신도들이 준비해 놓은 모양이다. 그 강사 신도가 기도한 후, 나에게 포도즙 한 잔과 빵 한 조각을 주었다. 세례식 때부터 이 신도의 기도 내용도 완전히 바뀌었다. 그는 기도하면서 '교주' 이름 뒤에 '하나님'이라는 호칭을 자연스럽게 붙였다. 교리 교육을 받는 동안에는 이렇게 노골적인 표현을 하지 않았었다. 이제 자신들의 본모습을 그대로 보여주기 시작한 것이다. 이것이 그들의 실체였다. 이들은 교주를 하나님, 신으로 숭배하고 있었다.

성찬식이 끝났다. 그들의 성찬식은 작은 빵 한 조각과 포도즙을 마시는 것으로 간단했다. 성찬식이 끝나자 강사 신도는 또 다른 신도에게 무엇인가를 지시했다. 그러자 그 신도가 큰 노트 하나를 가지고 왔다. 예식장이나 장례식장에 가면 흔히 볼 수 있는 방명록처럼 생긴 그런 크기의 노트였다. 그곳에 내 이름을 기록해야 한다고 했다.

— 그게 뭔데요. 그곳에 왜 제 이름을 적어야 하나요?

— 이게 바로 천국책입니다.

그는 그 '천국책'을 두고, 그곳에 이름이 적힌 자만이 생명을 얻고 천국에 갈 수 있다고 이야기했다. 그리고 이름이 적히는 것은 큰 영광이라고 덧붙였다. 아무 이름이나 함부로 적는 것이 아니라는 것이었다. 내 경우를 통해 보면, 그들의 교리 교육을 다 마치고 적어도 교주 이름으로 세례를 받은 다음에야 적어주는 것이다. 그는 내 이름을 그 노트에 적었다. 그리고 나에게 그것을 자랑하듯 자세히 보여주었다. 이 모습을 지켜본 주변의 신도들이 또다시 박수를 쳤다.

— 드디어 천국 백성이 된 것을 축하드려요.

어쨌든 나는 그들의 천국 백성이 되었다. 그 신도들은 박수를 치며 기뻐하고 즐거워했다. 나는 영~ 마음이 찝찝했다.

이제 모든 과정을 마쳤다. 나는 공식적으로 그들의 신도가 되었다. 따라서 그들의 정기 집회에 참석할 수 있었다. 그들의 정기 집회는 매주 토요일에 열렸다. 그동안 외부로 알려지지 않았던 그들의 집회 모습을 드디어 취재할 수 있게 됐다.

매주 토요일, 그동안 외부에 공개되지 않았던 그들의 속살을 들춰볼 수 있었다. 겉으로는 일반 교회의 집회와 크게 달라 보이지 않았다. 사회자, 설교자, 특송하는 중창단, 피아노 등 모두 눈에 익은 모습들이었다. 집회가 진행되자 옆에 있는 한 신도가 그들의 노래책을 같이 보자며 가까이 내밀었다. 내가 그 책을 갖고 있지 않았기 때문이다. 그 노래책 겉표지에는 '새로운 노래'라고 적혀 있었다. 일반 교회에서 사용하는 찬송가가 아니었다. 그것과 겉모양이 비슷한 그들만의 노래책이었다.

그 노래책 페이지를 열어보는 순간 깜짝 놀라지 않을 수가 없었다. 바로 노랫말, 즉 가사의 내용이 충격이었다. '교주 이름을 찬양하라'는 가사 내용이 나왔다. 노골적이었다. 교주의 이름을 언급하며 찬양과 숭배하라는 노랫말…. 교주 신격화의 극치다. 이 노래 하나만 그런 것일까? 결코 아니었다. 그런 노랫말의 내용이 페이지를 넘길 때마다 나왔다. 신도들은 감격하며 그 노래를 따라 합창했다. 바로 이것이었다. 왜! 이들이 자신들의 집회를 외부에 공개하지 않는지 그 이유 말이다.

새로운 신자가 왔을 때, 집회에 곧바로 참석시키지 않았던 이유도 바로 여기에 있었다. 자신들의 교리 교육을 먼저 시켜야 했던 이유 역시 이것 때문이었다. 교주를 신으로 받아들이도록 사전 교육을 시키지 않고는 집회 참석이 불가능한 일이었다. 물론 그들의 세례와 성찬도 마찬가지다.

교주 신격화를 받아들이는 교육이 없이는 가능하지 않은 일이었다. 신도들은 이러한 노랫말을 따라 부르며 교주 신격화, 사이비 신앙에 깊이 빠져들어가고 있었다.

설교 시간이 되었다. 그 내용은 더욱 기가 찼다. 이날 설교 제목은 '남자와 여자'였다. 설교 시간은 약 30분이었다. 설교단에 올라간 강사는 '인간이 남자와 여자로 되어 있는 것처럼 신도 남자와 여자로 되어 있다. 또 부부로 존재한다. 우리 교주님도 바로 신이시다'라는 식이었다. 정말 황당하기 그지없었다. 설교자는 자신의 설교에 대해 '다른 곳에서는 들어보지 못하는 내용'이라고 강조했다. 그 말은 맞다. 어느 신앙 단체에서 자신들의 교주를 신이라고 주장하겠는가. 그 강사는 자신의 설교가 '참'이라며 스스로 자랑스러워했다.

이제 헌금 시간이다. 헌금 기도를 위해 한 신도가 마이크 앞에 섰다. 그는 "하나님이신 우리 교주님 하나님의 크신 사랑과 은혜에 감사와 영광을 올립니다"로 기도를 시작했다. 그 신도는 교주의 이름을 언급하며 기도했다. 그는 계속해서 "하나님이신 우리 교주님을 땅끝까지 전파하는 우리 구원의 자녀들이 다 될 수 있도록 인도하여 주시옵고 이끌어 주시옵소서. 오직 이제 남은 믿음의 자들, 우리 교주 하나님만을 섬기며 살아갈 수 있는 자녀가 다 될 수 있도록 인도하여 주시옵소서"라고 말하며 교주 숭배에 여념이 없는 모습이었다.

집회 중 '주기도문'을 합창하는 시간이 있었다. 그 내용은 다시 한번 나를 당혹하게 만들었다. 또 충격이다. 모든 게 충격의 연속이었다. 일반 교회에서는 "하늘에 계신 우리 아버지여"라며 주기도문이 시작된다. 그러나 이 단체에서는 달랐다. 이렇게 시작한다. "하늘에 계신 우리 하나님 교주님이시여." 그들의 주기도문 마지막 부분 역시 이렇게 끝을 맺는다. "이 모든 말씀을 이 시대의 구원자 되신 거룩하신 우리 교주 하나님 이름 받들어 감사하며 기도올리옵나이다." 정말 어처구니없는, 황당함 그 자체였다.

이제 모든 잠입 취재를 마쳐야 할 때가 왔다. 약 3개월에 걸친, 결코 짧지 않은 기간의 취재였다. 이제 마지막 관문 하나가 남았다. 다시 한번 긴장의 끈을 붙들어 매야 한다. 마지막이 가장 중요하고, 위험하다. 바로 기자의 신분을 공식적으로 밝히는 시간이다. 취재한 내용에 대해 그들의 입장을 정식으로 들어야 한다.

그 마지막 취재를 어떤 방식으로 해야 할까? 당시는 내 취재기자 경력이 그리 많지는 않았던 때였다. 지금 같으면 전화나 이메일 등을 이용했을 텐데, 그때는 그렇게 하지 않았다. 지금 그때를 다시 생각해보아도 그때 마지막 취재는 정말 아찔한 순간이었다.

마지막 날에는 후배 기자와 함께 갔다. 만약의 사태를 대비한 대책이었다. 나를 교육시켰던 강사 신도와 다시 작은 방에 앉았다. 그 강사 신도는 심화 교육을 하자고 했다. 잠입 취재 마지막 순간이 바로 이때였다. 나는 그 강사에게 나의 명함을 내밀었다.

— 사실 저희는 신문 기자들입니다. ○○○ 교주를 신으로 숭배하고 있는

이곳의 공식 입장을….

—….

내 명함을 손에 든 그 강사 신도의 얼굴이 순간 백지장처럼 하얗게 변했다. 그때 그의 얼굴 모습이 지금도 생생하다. 흡사 무아지경에 빠져든 모습 같았다. 그에게 더 이상 말을 할 수가 없었다. 어찌할 바를 알지 못하는 듯 잠시 가만히 있던 그의 얼굴은 곧 붉어졌고, 명함을 든 그의 손이 부르르 떨렸다. 혹시 그가 돌발 행동을 하지 않을까 하며 우리도 잔뜩 긴장하고 있었다. 이윽고 그가 천천히 자리에서 일어났다. 그는 우리에게 기다리라며 강의실 밖으로 나갔다. 문을 닫았다. 여러 명의 신도가 그 강사에게 달려오는 발소리가 들려왔다. 잠시 후 그 강사가 강의실 문을 활짝 열고 우리에게 소리를 질렀다.

— 당신들 여기서 못 나갈 줄 알아!

우리에게 소리를 지른 그 강사는 곧바로 '쾅~' 소리 나도록 문을 닫고, 다른 신도들을 향해 이렇게 명령을 내렸다.

— 애들아, 밖의 문 걸어 잠가라.

취재 마지막에 기자의 신분을 공개할 경우 일반적으로 크게 두 가지 반응이 나타난다. 유화책과 강경책이다. 유화책은 기자를 달래서 어떻게 해서든 자신들의 잘한 부분도 있으니 기사를 잘 써달라며 읍소하는 경우다. 이때는 기자를 극진히 대접하려고 노력한다. 이것이 훗날 오히려 위험할 수도 있다. 향응 수수는 사회적으로도 문제가 되지만, 회사 차원에서도 징계 요소가 되기 때문이다. 이것이 예상될 경우, 취재 장소 밖에서

　　　　　　　　　　　　　나는 교주다

전화상으로 신분을 밝히며 인터뷰를 할 때가 많다.

　이번 취재의 경우는 처음부터 강경책이 예상되었다. 그것에 대한 대비는 사실 뭐~ 특별히 없었다. 취재기자 여러 명이 동행하든, 아니면 역시 밖에서 전화 등을 이용해 인터뷰를 요청하는 경우 등이 전부다. 나는 후배 기자와 동행했으니 그나마 다행이라 할 수 있다.

― 선배님, 어떻게 해요. 정말 저들이 뭔 짓을 할 것 같아요….

　우리는 그 좁은 강의실에 갇혔다. 강의실 문이 잠기고, 밖으로 나가는 현관문도 잠겼다. 앞으로 어떠한 일이 발생할지 아무도 모르는 상태였다. 흥분한 신도들이 한꺼번에 달려들어 우리에게 폭행을 가할 수도 있다. 사실 그것이 제일 걱정되기도 했다. 후배는 초긴장 상태였다. 어떻게 하냐고 내 얼굴만 쳐다볼 뿐이었다. 그런데 참 이상했다. 분명히 내 마음이 졸이고 겁먹어야 할 상황임이 틀림없었다. 그러나 이상하리만큼 내 마음이 그렇지 않았다. 그냥 평안했다. 오히려 '어~ 재미있네'라는 생각까지 들었다.

　나는 잠시 생각을 곱씹다, 그 강사 신도를 큰 소리로 불렀다. 잠시 후 그가 문을 열고 얼굴을 내밀었다. 그의 얼굴은 아직도 붉은 상태였다. 흥분이 아직도 가라앉지 않은 모양이었다. 나는 그에게 잠시 들어오라고 했다. 그가 분이 가득한 표정을 지으며 들어왔다. 내가 그에게 말을 걸었다.

― 앉아보세요. 진정하시고 제 말을 잘 들어보세요. 저희는 이런 취재를
　늘 행하는 취재기자입니다. 저희가 이곳을 취재한다면서 약 3개월 전
　에 들어왔잖아요. 마지막에 저희 이름을 이렇게 밝히면서 이러한 상황

이 올 것을 예상하지 못하고 왔겠습니까? 잘 생각해보세요. 저희 취재 경력이 얼마인데….

그가 눈을 동그랗게 뜨고 내 말에 귀를 기울였다. 나는 계속 말을 이어 나갔다.

─저희가 11시 30분까지(손목시계를 가리키며) 이곳을 나가지 못하면 경찰이 이곳을 찾아오게 되어 있습니다. 제가 미리 경찰서에 부탁해 놓았거든요. 그 시간까지 제가 경찰서에 가서 잘 나왔다고 알려야 해요. 지금부터 30~40분 정도 남았네요. 알아서 잘 판단하십시오. 그래서 부른 것입니다.

그는 흠칫 놀란 눈치였다. 그가 다시 강의실 밖으로 나갔다. 그리곤 그가 어딘가로 전화하는 소리와 함께 분주하게 오가는 발소리가 들려왔다.

─오….

─쉿! 조용히….

후배와 눈짓으로 대화를 끝냈다. 잠시 후 그 강사 신도가 다시 들어왔다. 손에 여러 책자 등 자료 한 묶음을 들고 들어왔다. 그는 그 자료들을 책상 위에 펼쳤다. 그의 표정이 부드러워졌다. 말투도 마찬가지였다. 그는 그 자료에 대해 설명하려고 했다.

─기자님들…. 아까 제가 무례하게 대해서 죄송합니다. 저도 당황해서 그랬습니다. 사실 저희는 국가와 사회를 위해 봉사하는 게 많습니다. 이런 자료들이….

그 강사의 태도가 갑자기 강경책에서 유화책으로 급선회했다. 아마도 윗분의 지시가 급하게 내려온 모양이다.

─아~ 네. 이런 자료들은 우리가 사무실에 돌아가서 살펴볼게요. 그것
보다 ○○○ 교주와 인터뷰를 했으면 좋겠습니다. 지금 좀 연락을 좀
취해주시겠어요?

그 신도는 조금 전보다 더 소스라치게 놀란 표정을 지었다. 자신들이
신으로 여기는 교주 이름을 내가 함부로 부르며 인터뷰하자고 했기 때문
이다. 그는 곧바로 교주 이름에 '님' 자를 붙여야 한다고 요청했다. 그렇
게 해주었다. 교주와 인터뷰를 재차 요구하자, 그는 손을 내저으며 자기
소관이 아니라고 했다.

─인터뷰가 왜 안 되죠? 전화를 걸어주세요. 제가 직접 요청해볼게요.

─아~ 이제는 그만 나가주세요. 제발….

그 강사 신도는 우리에게 나가 달라고 부탁했다. 그는 자신의 손으로
자료들을 챙기며 우리의 옷을 살짝 끌어당겼다. 조금 전 '얘들아, 문 걸어
잠가라. 당신네들 못 나가!' 하며 윽박지르던 그의 모습이 180도 바뀐 것
이다. 그는 문까지 열어주면서 제발 떠나달라고 부탁했다. 나는 나가면서
도 교주 인터뷰를 하자고 주문했다.

─○○○ 교주와 공식 인터뷰를 하고 싶습니다. 왜 안 되나요?

떠밀려 나가면서 계속 너스레를 떨었다. 그리고 못 이기는 척하며 그
단체 밖으로 나갔다. 물론 단체 대표자와 공식 인터뷰를 하는 게 취재의
한 부분이기도 했다. 그 강사 신도는 아무런 대꾸도 하지 않은 채 우리를
밖으로 나가게 했다. 그런 후 신도들은 문을 걸어 잠갔다. 우리를 가둔 게

아니라 그들 스스로 갇힌 꼴이 됐다.

지하철역으로 아무 말 없이 걸어 나왔다. 승강장 앞에서 후배 기자가 나에게 물었다.

— 선배님, 그런데 정말 경찰들이 오도록 했나요?

—어! 어디서 녹음하고 있네!
이봉창의 심정으로 마이크를 들다

또다시 잠입취재다. 어느 사이비 교주가 주관하는 수련회에 참석했다. 그동안 이 단체의 교주가 누구이며, 또 그곳에서 무엇을 가르치는지에 대해 알려진 게 거의 없었다. 그래서 이 단체가 운영하는 훈련 과정 속으로 깊숙하게 들어가 그들의 실제 모습을 있는 그대로 취재하기로 했다.

이 수련회는 4박 5일이라는 긴 시간 동안 참석해야 한다. 게다가 아침 9시부터 저녁 5시까지 하루 종일 진행된다. 오전에는 교주가 직접 진행하는 교리 교육 시간이다. 그리고 오후는 교육 실천 시간으로, 시내 길거리를 걸어가면서 소위 전도를 해야 한다. 교주의 교리가 적힌 피켓을 드는 것은 물론 교리 전단지를 사람들에게 나눠주는 행위도 포함되어 있다. 알짜 신도를 만들어내는 강도 높은 훈련 프로그램이다.

교주의 강의는 한번 시작하면 3시간이 기본이었다. 4시간까지 진행되기도 했다. 나는 강의하는 교주의 사진을 찍는 것, 그리고 긴 강의 내용을 녹음하는 것을 두고 머리를 쥐어짜기 시작했다. 당시는 2G폰으로 불리던 휴대폰과 일명 '워크맨'으로 통하던 소형 카세트를 쓸 때였다. 사진은 2G폰을 그대로 사용하기로 했다. 당시 내가 주로 사용했던 줌렌즈 카메라보다 휴대가 간편하기 때문이다. 화질이 좋지 않은 게 단점이긴 했지만, 종종 선명도가 좀 떨어지고 초점이 안 맞아 흔들리는 사진이 역동성을 주어 오히려 보도사진으로서는 더 괜찮을 때도 있었다. 그것을 기대하기로 했다.

오전 3시간 강의를 녹음하는 문제는 사진 촬영보다 더한, 최대의 난관이었다. 하지만 녹음 내용은 반드시 필요했다. 교주의 사이비 교리 내용을 정확하게 파악하기 위해서이기도 했고, 기사 증거를 확보하는 차원에서도 녹음은 필수적이었다. 당시의 소형 카세트는 장시간 취재 목적으로 쓰기에는 불편이 컸다. 앞뒷면이 있는 녹음테이프는 한 면에 30분 분량이고, 양면 다 써봐야 1시간 분량이었다. 30분 녹음 후 뒷면 자동 녹음으로 전환하게 되면 '철커덕~'하는 기계 소리가 크게 들린다. 그 녹음기를 사용해 본 사람이라면 누구나 '어! 어디서 녹음하고 있네!' 하며 눈치를 챌수 있다. 그리고 1시간이 지나면 다른 테이프를 일일이 손으로 갈아 끼워야 했다. 당시로는 장시간인, 양면 2시간 녹음이 가능한 테이프도 있긴 있었다. 하지만 문제는 테이프가 녹음기 안으로 말려 들어가기 쉽다는 것이다. 녹음기 안을 직접 살펴보고 확인하기 전에는 고장을 알 수 없다. 이런 사고가 발생하면 하루 취재를 모두 날려버릴 수도 있었다.

'워크맨'에는 더 큰 문제도 있었다. 건전지 문제다. 가방에 한 손을 넣고 테이프를 갈아 끼우는 것도 힘들지만, 건전지까지 동시에 교체하는 건 어쩌면 신의 영역에 가까운 고급 기술이었다. 몰래 처리하기는 불가능해 보였다. 아무래도 녹음이 걸려 쫓겨날 가능성이 컸다. 얼마 지나지 않아 손가락만 한 크기의 mp3로 하루 종일 녹음을 할 수 있는 시대가 왔지만, 그때는 그나마 저런 카세트가 최첨단 저장장치였다.

'뭐, 다른 좋은 방법이 없을까?'

새로운 방법을 시도해보기로 했다. 소형 무선 마이크를 사용하는 방법이었다. 내가 소형 무선 송신용 마이크를 착용하고 강의실 안으로 들어가면, 집회장 밖에서 그 신호를 받아 녹음하는 방식이다. 당시에도 소형 무선 송신용 마이크는 9볼트 건전지 하나로 4~5시간 이상 장시간 사용이 가능했다. 물론 당시 기준으로 말해서 소형이고, 크기가 대략 어른 손바닥보다 약간 컸다. 두께는 손바닥 1.5배 정도 됐다. 거기에 안테나 역할을 하는 검은색 줄이 50센티미터 정도로 또 길었다. 그것을 들키지 않고 가지고 집회장에 들어가는 것이 결코 만만한 일은 아니었다. 어떻게 가지고 갈 것인가? 사이비 교주 취재가 아닌 평범한 인터뷰였다면 그 마이크를 멋지게 들고 들어가서, 상대방 셔츠에 꽂아주면 될 일이지만….

'지금은 사이비 교주 음성을 은밀하게 녹음하며 취재해야 하는데….'

문득 '도시락 폭탄'이라는 단어가 생각났다. 겉으로 보면 도시락, 속엔 폭탄. 도시락 대신 성경책을 사용해보기로 했다. 뒷부분에 찬송가까지 포함된 두툼한 성경책 하나를 구입했다. 송신기 크기만큼 성경책 안쪽을 칼로 잘라내어 파냈다. 성경을 오려서 파낸다는 게 죄송한 마음이 들었다.

그렇지만 사이비 교주의 행태를 있는 그대로 드러내기 위해서는 어쩔 수 없었다. 드디어 송신기가 성경책 속에 '쏙~' 들어갔다. 안성맞춤이었다. 이제 마이크를 달고, 긴 안테나 줄을 성경책 겉장 모서리를 따라 검은 테이프로 붙였다. 완성되었다. 언뜻 보면 그냥 보통의 성경책일 뿐이다. 펼쳐봐도 성경책이다. 다만 앞부분만 펼쳐야 한다. 그 이상 넘기면 송신기가 보인다. 그래서 찬송가 시간에 나는 찬송가를 펼치지 않았다. 취재기자가 아니라 사립 탐정을 해도 괜찮겠다는 우스운 생각을 했다.

마이크 신호를 받아 녹음할 장소를 선정하기 위해 취재현장 답사를 갔다. 경기도 어느 지역이었다. 집회 장소가 도로에서 약간 높은 위치에 있었다. 내가 그 문제의 '도시락'을 들고 집회장 입구에 가서 서성거렸다. 취재 차량 안에서 '도시락' 신호가 약하게 잡혔다. 집회장 안으로 들어가면 신호가 더 작아지거나 안 잡힐 수도 있을 것으로 보였다. 또 그 신호가 잘 잡힌다 하더라도, 취재 차량을 집회장 앞에 계속 세워둘 수도 없었다. 어찌해야 할까? 계속된 난관이었다.

그때 집회장 건너편 4층짜리 건물이 눈에 들어왔다. 집회장이 정면으로 잘 보이는 곳이지만 길 4차선 건너편이라는 게 흠이었다. 거리가 조금 멀기는 했지만 집회장과 직선 위치였다. 그곳 옥상으로 올라가 '도시락' 신호를 잡아봤다. 신호가 100퍼센트는 아니지만 그래도 잘 잡히는 편이었다. 그곳에 베이스캠프를 만들기로 했다. 마침 그 건물 4층이 비어 있었다. 며칠 단기간 임대계약을 했다. 모든 취재 준비는 끝났다. 이제 내가 '도시락'을 들고 취재 현장에 들어가기만 하면 된다.

나는 교주다

교주가 진행하는 수련회가 시작되었다. 나는 참가자 등록을 마치고, '도시락'을 한 손에 들고 자연스럽게 집회장으로 들어갔다. 나에게는 '도시락'이지만, 외부 사람이 볼 때는 단순한 성경책으로 보일 뿐이다. 3백 명 정도, 꽤 많은 인원이 참가했다. 나는 중간쯤 자리, 스피커 가까운 곳에 앉았다. 교주의 목소리가 잘 들리는 곳으로 자리를 잡은 것이다. 교주의 강의는 50분마다 10분씩 쉬는 시간이 주어졌다. 오리엔테이션 첫 시간이 끝난 후, 밖으로 나가 건너편 건물 4층, 베이스캠프를 바라보았다. 창문에 엑스(×) 표시가 크게 보였다. 무엇인가 문제가 발생했을 때 보내는 신호다. 사전에 설정해 놓은 작전 표시다. 전파 수신 등 잘 진행이 되면 동그라미(○) 표시, 문제가 발생하면 엑스(×) 표시를 창문에 보이도록 했던 것이다. 집회장 구석 한쪽으로 나가 베이스캠프에 전화를 했다. 내 '도시락' 전파가 안 잡힌다는 내용이었다. 소리가 잘 잡히도록 스피커 옆에 자리를 잡아 앉았지만, 그게 아니었다. 자리를 옮겨야 했다. 가능하면 출입문이 있는 뒤쪽 자리를 택했다. 스피커에서는 조금 멀어졌다. 다시 베이스캠프를 쳐다봤다. 다행히 동그라미 표시가 크게 보였다. 집회 주최 측 안내원이 나에게 다가왔다. 앞쪽 자리로 옮겨 앉으라고 했다. 나는 그럴 수 없었다. 너무 더워서 뒤로 자리를 옮겼다고 핑계를 댔다. 그때는 겨울이었다. 사실 뒷자리는 추웠다. 출입문 틈으로 들어오는 황소 같은 겨울 바람 때문이다.

이제는 사진이다. 강의 중 사진 촬영이나 녹음 등은 엄격히 금지되었다. 이미 여러 차례 공고가 나갔다. 교주의 특명이 있었던 모양이다. 휴대폰을 사용하는 것도 마찬가지였다. 절대금지. 그러나 내가 누군가? 나는 사이비 교주 취재기자다. 교주의 사이비 교리 내용은 물론 관련 사진을 취재하는 최고의 전문가다. 이 교주의 얼굴이 알려진 바 없다. 그래서 그의 사진, 강의하는 장면의 사진이 꼭 필요했다. 교주의 강의를 들으면서 계속 그 고민이었다. 어떻게 사진을 찍을 것인가? 보통의 경우에서는 교주의 강의 내용에 집중해서 사이비 교리의 핵심을 파악하면 됐다. 그러나 그 순간에는 교주 본인에게만 집중했다. 베이스캠프에서 녹음하고 있기 때문이었다. 강의를 듣던 중 아이디어 하나가 번뜩 떠올랐다. 앞 좌석의 한 분이 강의 시간에 잘못해서 휴대폰을 떨어뜨렸다가 다시 주웠다. 특별한 일은 아니었다. 그때 나는 '아~ 그렇지'라며 무릎을 쳤다. 바로 그것이었다. 내 휴대폰을 떨어뜨렸다가 다시 집어들면서 자연스럽게 사진을 촬영해보기로 했다. 그래서 교주가 열정적으로 강의할 때, 일부러 휴대폰을 팔꿈치로 슬쩍 밀어 떨어뜨렸다. 박살나지 않기를 소망하며…. 그것을 다시 줍고, 작동 여부를 확인한다면서 자연스럽게 휴대폰 카메라 버튼을 눌렀다.

'찰칵, 찰칵….'

당시 휴대폰 카메라 소리는 왜 이렇게 큰지…. 모른 척하고 강의하는 교주 쪽을 향해 몇 컷 촬영했다. 주최 측 안내자가 다가왔다. 휴대폰을 끄고 가방에 넣으라고 했다. 나는 그렇게 하겠다며 그 안내자가 보는 앞에서 휴대폰을 완전히 끄고 가방에 넣었다. 제발 방금 전 촬영한 사진이 잘 나왔기만을 기대했다.

'오…. 예스.'

저녁 때 베이스캠프에 가서 확인해보니 제법 잘 나왔다. 강의하는 교주의 얼굴도 잘 보였다. 카메라 초점이 약간 흔들렸지만, 오히려 역동성 있어 좋게 보였다. 이렇게 해서 그 교주의 얼굴이 최초로 언론에 알려지게 되었다. 또 하나의 쾌거를 이룬 셈이다.

한편 수련회 오후 프로그램은 나에게 정말 곤욕이었다. 10명씩 조를 이루어 시내를 걸어 다녔다. 단체명이 새겨진 어깨띠를 매고, 피켓도 들고, 지나가는 이들에게 전단지를 나눠주었다. 가장 짜증 나는 순간은 목소리를 높이며 교주 이름과 그 단체 이름을 외칠 때였다. 비록 취재 중이지만, 내가 교주를 길거리에서 홍보하고 있다니 이게 말이 되는 일인가? 정말 도망치고 싶었다.

쉬는 시간 나와 짝을 이룬 분과 대화를 했다. 그도 이 오후 프로그램이 너무 싫다고 했다. 그래서 둘은 인도자 눈을 피해 다른 쪽으로 몸을 옮겼다. 그는 부산에서 올라온 기독교 목사였다. 그는 목회가 힘들고 잘 안 되고 있어 낙심한 상태였다. 그러던 중 이곳에서 무엇인가 배워보려고 등록했다는 것이다. 그곳이 사이비 교주가 진행하는 프로그램인 줄은 모르는 모양이었지만, 첫날 교육을 듣고 자신과 맞지 않는다며 포기할 생각을 하고 있었다. 그가 한편으로는 불쌍해 보였다. 나는 그에게 조심스럽게 충고의 말을 했다.

— 목회가 힘들면, 잠시 중단하거나 다른 길을 찾는 것도 좋지 않을까요?

이런 곳에 기웃거리는 것보다는···.

나는 그에게 '이런 곳에서 배울 게 없다. 당장 떠나라', '올바른 곳에서 배워라', '힘들면 목회를 그만둬라'라는 식으로 권면했다. 그러자 그가 체념한 표정을 지으며 말했다. 나는 그때 그의 말을 듣고 정말정말 크게 충격을 받았다. 그는 이렇게 말했다.

— 네. 저도 이 일, 저 일 여러 가지를 해보았어요. 그런데 교회에 붙어먹
  고 사는 게 세상에서 제일 편해요.

'아~ 이런.' 그는 목사라는 직함을 단순히 자신의 편안한 '밥거리' 정도로 인식하는 듯 말을 했다. 이런 사람이 기독교 목사가 맞나? 이 정도 수준이니 이런 강의에 기웃거리는 것 아닌가? 순간 그의 뒤통수를 한 대 때려주고 싶었다.

'정신 차려라!'

잠시 커피를 한 잔 마시며 생각을 해보았다. 교회를 단지 자신의 먹고 살아가기 위한 수단으로 생각하는 이 친구나, 엉뚱한 교리로 신도들을 미혹하여 자신의 왕국을 세우려는 지금의 교주나 다를 게 무엇이 있는가? 이런 사람들에게 매여 있는 신도들만 불쌍할 뿐이지 않을까? 도긴개긴일 뿐이다.

이 사이비 교주 취재는 완성했다. 교주의 교리 강의를 녹음하는 데 성공했고, 관련 사진들까지 완벽했다. 녹음된 강의를 풀어 기사를 작성하는 데 고생이 좀 많았다. 기사를 내보내고 그 단체에 전화를 걸었다. 교주의

공식 인터뷰를 위해서다. 그 교주는 반응을 보이지 않았다. 계속된 전화에 일절 대꾸를 하지 않았다.

—어어, 이러지 맙시다!

작전명 두루치기

어느 여교주가 신으로부터 직통계시를 받는다며, 자신을 특별한 존재로
홍보하고 있다. 이런 류의 신격화 놀이는 그때나 지금이나 흔하게 나타나
는 일들이다. 주로 방언이라는 것을 사용하고 또 즉석 통역을 해준다는
식이 단골 메뉴다. 이 여교주도 마찬가지였다.

—우×××신 도×× ×××루…. 하나님께서 오늘도 말씀하신다고 하
  시네….

여교주는 수시로 방언이라는 것을 했다. 그리고 즉석에서 그 방언의
의미가 무엇인지 통역도 했다. 신과 직접 대화를 한다는 행위를 사람들은
쉽게 부정하기 힘들어했다. 교주는 이것을 적절히 잘 이용하는 재주가 있
었다.

문제는 이 여교주를 따르는 사람들 가운데 기독교 목사가 많다는 점이었
다. 그들이 진짜 목사가 맞나? 정상적인 목사인가? 등의 의문이 들지 않

나는 교주다

을 수가 없었다. 10여 명의 목사들이 똘똘 뭉쳐 그 여교주를 추종하고 있었다. 이들은 소위 '영성 운동'이라는 개념으로 자신들을 홍보하고 있었다. 퇴계원과 구리 등의 지역에서 작은 교회를 직접 운영하는 이들이었다.

이들의 정기 모임에 참석했다. 사람들의 입에 여교주의 이름이 자주 오르내리기는 했지만, 여교주는 보이지 않았다. 이 모임에서는 특별한 내용이 나오지 않았다. 목사들이라 그런지 말을 할 때 무엇을 조심해야 하는지 서로 잘 아는 듯했다.

―○○○님은 오늘 보이지 않네요?

한 추종자에게 여교주가 보이지 않는다고 슬쩍 물어보았다. 그는 다음 주에 강원도 모처에 있는 농원에서 주요 인사들 하루 수련회가 있다는 정보를 슬쩍 흘렸다. 그곳에 여교주가 나타난다고도 말했다. 그는 그 순간에도 여교주의 '영성'이 대단하다고 감탄하고 있었다.

―저도 ○○○님의 영성 운동에 깊은 관심이 있습니다. 그곳에 꼭 참석하고 싶습니다. 가능할까요? 참석할 수 있도록 안내 좀 부탁드립니다.

이때다 싶어, 나는 여교주 추종자에게 다가가 집회에 참석하고 싶다고 매달렸다. 그는 대수롭지 않게 그렇게 하라고 허락했다. 이것이면 됐다.

취재 당일 후배 기자와 동행하기로 했다. 시골 농장에 들어가는 일이라 조금 위험할 수도 있겠다는 생각이 들었다. 가방 속엔 줌렌즈 카메라와 녹음기가 들어있었다. 취재기자 가방에 늘 들어있는 물품들이었다. 사이비 교주가 아닌 일반 취재 현장에서는 노트북 하나를 들고 다녔다. 최근에는 아예 스마트폰 크기만 한 소형 키보드만 들고 다닌다. 그것을 스마트폰에 연결하면 노트북 대용이 되기 때문이다.

경기도 어느 지역 '□□농원'이라는 간판을 지나 안으로 들어갔다. 야산에 넓은 밭이 눈에 들어왔다. 사람들이 곳곳에 흩어져 있었다. 나에게 정보를 알려준 그 교주 추종자를 찾았다. 그의 초청으로 오게 된 것임을 당당하게 알리기 위해서다. 내 후배는 내가 전도한 '새신자' 역할을 했다. 그 추종자를 만났다. 그에게 깍듯이 인사를 했다. 그 사람 덕에 좋은 곳에서 좋은 훈련을 받을 수 있게 되었다며 그를 높여주었다. 그는 기분이 좋은 듯, 우리를 사람들에게 소개하며, 마치 자신이 전도해서 들어온 신입 회원인 것처럼 말했다. 그러든지 말든지.

오전에는 그 넓은 밭에서 이런저런 육체노동을 했다. 무너진 울타리를 세우고, 밭의 비닐을 걷는 등 꽤 많이 일했다. 의심의 눈초리에서 벗어나려면 열심히 해야 했다. 다행히 사람들은 점심을 함께 먹으며 우리를 자기 사람으로 반쯤은 받아들이는 눈치였다.

오후 시간에는 교주의 강의가 진행됐다. 기다렸던 시간이다. 농장 한쪽에 위치한 전원주택 같은 건물로 들어갔다. 20여 명의 사람들이 모였다. 많지 않았다. 모두 현직 기독교 목사들이었다. 강의실은 10여 평 크기의 일반 가정집 안방과 같은 곳이었다. 열을 맞춰 참석자들이 방석을 깔고 앉았다. 우리는 맨 뒷자리에 자리를 잡았다. 여교주는 앞쪽에서 의자에 앉았다. 강의가 시작되었다.

―앗× 부××, 우×××× ×××라 ××신….

여교주는 처음부터 알아들을 수 없는 말로 지껄였다. 흔히 '방언'이라

　　　　　　　　　　　　　　　　　　　나는 교주다

고 하는 것이었다. 여교주는 곧이어 그 뜻을 해석해준다며 말을 이었다.

— 오늘 이렇게 모인 여러분들을 하나님이 기뻐하신다고 하시네….

참석자들은 마치 자신이 신과 얼굴을 맞대고 앉아 있다는 듯, 황홀함에 취한 표정이었다. 그 여교주의 말을 열심히 받아 적는 이도 많았다. 나도 열심히 노트에 기록했다. 취재를 위해서다.

문제는 역시 사진이었다. 신도들은 방바닥에 방석을 깔고 앉았지만, 여교주는 맨 앞자리 의자에 앉았다. 사진으로 잘 나오는 형태였다. 신도들의 여러 뒤통수도 함께 배경으로 훌륭해 보였다. 그런데 어떻게 사진을 촬영할까? 여교주 옆, 출입구 쪽에는 검은 정장 차림으로 검은 색안경을 쓴 소위 '행동대원' 두 명이 있었다. 어떻게 할까? 당시는 필름 카메라 시절이었다. 카메라도 크고, '찰각찰각' 촬영 소리도 컸다. 요새 복고풍이 불어 그런 사진기를 좋아하는 사람들도 생겨나지만, 사이비 교주를 취재하던 기자 입장에서는 정말 애물단지였다. 불편했다. 사진 촬영을 숨길 수가 없었다.

잠시 쉬는 시간에 후배 기자와 작전을 세웠다.

— 다음 강의가 진행될 때, 어느 순간 내가 신호를 주면 자네는 사진기를 꺼내서 대범하게 사진 촬영을 하도록 해. 사진 모양은 교주를 정면으로 신도들은 뒤통수만 보이도록 하면 돼. 2~3방 찍은 후, 곧바로 가방을 챙겨 밖에 있는 화장실로 가. 그곳에서 필름을 곧바로 교체해. 촬영한 필름은 빼서 양말 속에 넣고, 새로운 필름을 장착한 후 허공을 향

해 다시 2~3방을 찍어. 이후 볼일을 본 사람처럼 화장실을 나오면 돼. 나머지 일은 내가 알아서 할게….

그리고 기회는 왔다. 후배 기자의 옆구리를 찔렀다. '필름 바꿔치기 작전'을 실행하라는 신호였다. 후배는 작전대로 카메라를 꺼내 대범하게 사진 촬영을 했다.

'찰칵, 찰칵.'

순간 사람들이 모두 후배 기자를 쳐다봤다. 줌렌즈 카메라는 그 크기와 셔터 소리로 인해 사람들의 이목을 집중시키는 장비다. 숨길 수 없었다. 사진 촬영 후, 후배는 곧바로 자리에서 일어나 밖으로 천천히 걸어나갔다. 예정된 행동이었다. 이때, 교주 옆에 있던 그 행동대원 두 사람도 자리에서 일어나 후배를 따라 나가려고 했다. 예정에 없던 사진 촬영에 그들도 깜짝 놀랐던 모양이다. 나는 이것을 예상했었다. 나도 급하게 자리에서 일어섰다. 밖으로 나가 신을 신고 화장실 쪽으로 서둘러 나갔다. 후배를 따라 화장실로 가려는 그 행동대원들 앞에 섰다. 내가 양팔을 벌려 그들을 막았다. 그들과 충돌했다. 행동대원 중 한 명이 나를 아래위로 훑으며 짧고 강한 목소리로 말했다.

― 당신들 뭐야. 누구 맘대로 사진을 찍어….

― 이것 보세요. 우리는 사실 기자예요.

― 기자! 기자가 여기 왜 있어? 누구 허락 받고 온 거야….

기자라는 말에 그들이 순간 움찔한 듯했다. 나는 무조건 화장실을 향해 가려는 그들을 막아 세웠다. 그들은 나를 밀치며 험한 모습으로 쳐다봤다. 자칫 주먹이라도 날아올 수 있는 상황이었다. 취재기자 인생 중 폭행당할 수 있는 가장 위험한 순간이었다. 고개를 돌려보니, 강의 중이던 여교주와 추종자들이 우리를 쳐다보고 있었다. 나는 소리를 높여 항의하듯 말했다.

— 영성 운동한다면서 숨길 게 뭐가 있나요? 사진 촬영한 게 잘못인가요? 감출 게 있나요?

행동대원들도 눈치를 챘다. 더 이상 험하게 나를 밀지는 않았다. 보는 사람들의 눈이 많았기 때문이다. 특히 이 장면을 교주가 보고 있었다. 그 사이 후배가 화장실에서 나왔다. 바지춤을 추스르며 나에게 다가왔다. 그는 마치 무슨 일이 있었냐는 등 너스레를 떨기도 했다.

— 취재를 원하지 않는다면 우리는 그냥 갈게요.

나는 후배와 함께 그곳을 나가려고 했다. 그러나 이번에는 그 행동대원들이 우리를 막았다. 나가지 못하게 했다. 그사이 여교주의 지시가 그들에게 전달됐다. 사진 촬영된 필름을 뺏으라는 것이었다. 나는 "안 된다"며 반발했다. 그냥 순순히 필름을 카메라에서 빼주는 것도 이상하게 여겨질 만하다고 판단했다. 행동대원들은 필름을 내놓으라고 우리를 윽박질렀다.

— 필름을 왜 줍니까? 이것은 회사의 공적인 재산이에요. 줄 수 없습니다.

그들은 필름을 주지 않으면 나갈 수 없다고 했다. 내가 계속 버티자, 그들은 그만 내 멱살을 잡고 흔들었다. 그들의 덩치에 내가 버틸 수가 없었다. 아니, 버틸 생각도, 의도도 없었다.

─어~ 어~ 이러지 맙시다. 알았어요. 줄게요. 필름 준다고….

나는 후배에게 카메라를 열어 필름을 빼주라고 했다. 후배는 '선배님, 그냥 주면 어떻게 해요'라며 또 능청을 떨었다. 그는 카메라에서 필름을 다시 역순으로 감고, 뚜껑을 열고, 필름을 빼서 그 행동대원들에게 주었다. 새 필름을 넣고 허공에 몇 방 찍었기 때문에, 필름이 감기는 모터 소리가 난 것이다. 필름을 받은 후, 한 명의 행동대원이 내 멱살을 풀었다. 나는 몸을 정돈했다. 후배로부터 필름을 받은 행동대원은 그 필름을 허공에서 '쫙~' 펼쳤다. 대낮에 필름을 그 통에서 빼내면 모두 망가진다. 촬영했던 장면은 물론 아직 촬영하지 않은 빈 필름도 모두 햇빛으로 인해 못쓰게 된다.

─아…. 정말 아깝다. 꼭 이런 식으로 해야 합니까?

불평불만의 한마디를 남기고 그곳을 떠났다. 후배도 뒤따라 나왔다.

─우와~ 선배님 아까….

─쉿! 조용히. 아직 저들이 지켜보고 있어….

교주와 신도들이 보이지 않을 정도의 먼 거리까지 걸어 나왔다. 우리는 서로 얼굴을 쳐다보며 '야호'라며 환호성을 질렀다. 사진이 보도되었을 때 여교주와 추종자들의 반응은 어떠할까 등을 상상했다. 악의 줄기하나를 끊었다는 마음이 들었다. 즐거운 마음으로 버스에 몸을 실었다.

그 여교주의 허접한 직통계시가 무엇인지에 대한 기사를 작성했다. 그리고 그의 강의하는 사진이 함께 보도되었다. '작전명 바꿔치기'의 멋진 성공이었다.

　　　　　　　　　　　　　　나는 교주다

기사가 보도된 후, 여교주 측으로부터 아무런 연락이 오지 않았다. 전화를 걸어도 통화가 되지 않았다. 만약 항의 등으로 연락이 오면 그들의 반응과 함께 2차 보도를 할 생각이었다. 종종 기사를 작성할 때, 자료의 일부를 사용하지 않고 남겨 두곤 한다. 보도가 나가든 안 나가든 큰 무리가 없는 수준의 자료를 남긴다. 항의가 들어왔을 경우를 대비해서다. 반론문이든 법적 소송 건이든 항의가 들어오면 그것도 역시 기삿거리로 취급된다. 남겨 둔 자료는 이때 사용한다. 2차 기사는 그들의 항의 내용과 함께 그 원천이 되는 1차 보도 내용도 요약한다. 여기에서 남겨 둔 자료를 통해 새로운 정보를 독자들에게 제공하는 방식으로 작성된다.

여교주 측에선 결국 아무런 연락이 오지 않았다. 내가 연락을 취해도 통화가 되지 않았다. 그 남겨진 자료는 끝내 사용하지 못했다.

훗날 그때 동행했던 후배와 나는 같이 점심식사로 두루치기를 먹으면서 그 '바꿔치기' 작전을 회상했다. 이름의 유사성 때문이었을까, 그 후로 우리 둘 사이에선 그날의 모험담이 왠지 '작전명 두루치기'로 통하고 있었다.

— 모두 현금으로만 준비했습니다.

위기의 취재기자

사이비 종교 취재에는 늘 위험 요소가 뒤따른다. 아찔했던 상황들이었다. 그런 위험은 단지 취재기자인 내가 조심한다고 해서 미연에 방지할 수 있는 것도 아니다. 지금 와서 생각해보면, 보이지 않는 손이 늘 나와 함께했다. 나를 도왔고, 위기의 상황에서 나를 보호해주었다.

어느 사이비 교주를 취재한 다음 날, 낯선 사람들이 찾아왔다. 취재 담당 기자인 나를 꼭 직접 만나겠다는 것이다. 그들은 회사 건물 지하 카페에서 기다리겠다고 했다. 내가 사무실로 올라오시라고 했는데도 그들은 굳이 그곳에서 기다리겠다는 것이다. 그들은 왜 그 카페에서 나를 만나려고 했을까? 처음엔 큰 의심을 하지 않았다. 잠시 후 그 카페로 내려갔다. 진한 색 정장을 차려입은 남자 두 사람이 기다리고 있었다. 인사를 하고 서로 명함을 주고받았다. 명함을 보니 ○○기업 사장, △△기업 전무 등으로 적혀 있었다. 사회적, 경제적으로 꽤 자리 잡은 이들로 보였다. 그들은 먼저 자신들을 소개했다.

— 저희는 □□□교회 장로들입니다.

— 아~ 네~

어제 취재를 했던 사이비 교주 측 신도들이었다. 나를 만나러 온 이유가 무엇인지 짐작했다.

— 어제 교주님 취재할 때, 저를 뵈었을 텐데, 무슨 일로….

무슨 일이겠는가. 나를 협박하거나, 회유하거나 둘 중 하나 때문에 온 사람들이다. 뻔하지 않은가. 나에게 볼일이 있었으면 취재한 날인 어제가 기회였었는데, 오늘 따로 이렇게 찾아온 이유는 무엇일까?

— 어제 기자님께서 먼 곳까지 오셨는데, 저희가 제대로 대접도 못 해 드리고 해서 이렇게 찾아왔습니다.

— 대접이라뇨. 무슨 말씀을…. 회사에서 그 취재하라고 월급 주고, 밥 주고, 교통비도 주고…. 제가 대접받을 일 없어요. 신경 쓰지 않으셔도 돼요. 괜찮아요.

첫 마디를 들어보니 회유하러 온 것이다. 이런 대화는 조금의 여지라도 주어서는 안 된다. 갈수록 골치 아파진다. 대문을 아주 살짝만 열어줘도 안방까지 들어와 다리 뻗고 누울 수 있다. 처음부터 '딱' 자르는 게 상책이다.

— 특별히 하실 말씀이 없으시면, 그만 일어나겠습니다.

카페 자리에 앉자마자 5분도 안 되어, 내가 자리에서 일어나려 하자 그들은 화들짝 놀랐다. 양손을 '휙휙~' 내저으며 꼭 할 말이 있다며 나를 다시 앉혔다.

—저희가 이런 일을 처음 겪어보기 때문에 잘 몰라서…, 이렇게 준비를
해보았습니다.

그들은 곧바로 본론으로 들어갔다. 무엇인가를 준비했다는 것이다. 그
들은 가방에서 어떤 물건 하나를 꺼냈다. 신문지로 감싼 두툼한 것이었
다. 크기는 두꺼운 벽돌 모양으로 두 개였다. '아~ 혹시….' 불길한 느낌
이었다. 직감이 갔다. 바로 그것.

—무엇인가요?

내가 물었다. 그들은 정말 약소한 것이라며 헛웃음을 내뱉었다. 그리
고 자신의 입에 손을 대고 조금 작은 목소리로 이렇게 말했다.

—모두 현금으로만 준비했습니다.

—네?

신문지로 싼 그 물건은 바로 돈뭉치였다. 짐작한 그대로였다. 평소 사무
실 내에서 기자들끼리 농담 삼아 했던 말이 있다. 돈뭉치를 들고 찾아오는
사람들이 혹시 있을 수 있다. 현금으로 준비했다며 기사를 내려달라거나,
자기들 뜻에 맞도록 기사를 수정해 달라는 요구를 위해서다. 이때 극히 조
심해야 한다. 그 돈뭉치를 받아서도 안 되고, 또 안 받아서도 안 된다.

무슨 말인가? 그 돈뭉치를 받기 위해서 또는 거부하기 위해서, 그 돈
뭉치에 손을 대는 순간, 먼 자리에 있는 또 다른 신도의 사진기에 그 장면
이 촬영될 수 있기 때문이다. 멀리서 카메라로 이미 내 자리에 초점을 맞
춰 놓고 있다가, 돈뭉치에 손이 닿은 순간 '찰각' 증거로 남긴다. 받지 않

겠다고 밀었더라도 사진만 보면 돈을 받는 장면으로 오해될 수 있다. '눈 떠도 코 베어 가는 세상'이니, 조심해야 한다는 조언이었다. 당시에는 '에 이~ 그런 일이 있겠어?'라며 웃어넘겼다.

그 농담 같은 말이 그때 뇌리에 스쳤다. 그 신도들이 돈뭉치를 내 앞으로 '쑥-' 내미는 순간이었다. 나는 반사적으로 그 자리에서 그대로 일어 났다. 손을 차렷 자세로 뻣뻣하게 세운 채였다. 가겠다는 짧은 인사말을 남긴 채 뒤도 돌아보지 않고 카페를 빠져나왔다. "기자님, 기자님….."이 라는 소리가 뒤통수를 향했다. 카페를 나오면서 무의식적으로 출입구 쪽 을 바라보았다. 그 신도들과 비슷한 정장을 입은 한 남성이 혼자 앉아 있 는 게 아닌가? '아, 역시 진짜인가?' 그는 커피잔 앞에 두었던 스마트폰 을 들고 이래저래 조작하고 있었다. 내가 너무 민감했었나? 그렇지만 이 런 일은 민감할수록 좋다. 그나저나 그 두꺼운 벽돌 두께의 현금 뭉치는 과연 얼마였을까?

한번은 '내가 대통령이 된다. 하늘의 계시를 받았다'는 내용의 전단지가 서울 광화문 길거리에 뿌려진 일이 있었다. 전단지 하나를 주웠다. '또 한 명의 또라이가 탄생한 모양이군'이라고 중얼거리고는 크게 관심을 기울 이지 않았다. 사무실에 들어가는 길이었다. 버스를 타고 가는 내내 어찌 된 일인지 그 전단지 내용이 계속 생각났다. 특히 '하늘의 계시를 받았다' 는 내용이 그랬다. 사무실에 도착했다. 그 전단지 하단에 적혀 있는 전화 번호로 전화를 걸었다. 기자 신분을 밝히고 대표자 인터뷰를 요청해보기로 했다. 잠입 취재할 정도의 가치는 아니라고 판단했다. 만약 인터뷰 요청을 거부한다면 더 이상 관심을 기울이지 않기로 했다. 다른 취잿거리가 늘 쌓여 있었기 때문이다.

— 대통령이 된다는 계시를 받았다고 해서, 그 자세한 내용을 듣고자 하는데….

— 아, 그래요. 그럼 한번 이곳으로 오시죠.

그 교주는 인터뷰에 응하겠다고 했다. 경기도 한 지역에 자리한 그의 단체를 찾아갔다. 건물에는 일반적인 신앙 단체 간판이 붙어 있었다.

— 제 나이 30세에, 앞으로 대통령이 될 것이라는 직통계시를 받았습니다. 그때는 저는 교회를 다니지도 않은 무신론자였습니다. 이후 10년이 넘게 지금까지 계속해서 그 계시를 받고 있는 중입니다.

그는, 자신이 대통령이 된다는 것은 온전히 신으로부터 받은 계시 때문이라고 했다. 그는 자신이 받았다는 계시 내용을 전단지로 만들어 서울 광화문 등지에 배포했다. 길거리에 지나가는 사람들에게 나눠주고 또 곳곳에 전단지 뭉치를 놓아두어 사람들이 스스로 가져가게 했다. 그러나 사람들의 반응은 전혀 없었다. 관심을 갖고 문의하는 사람도 없었고, 욕을 하면서 반대하는 사람조차도 없었다. 무관심이다. 그나마 기자인 내게 연락이 온 것이 반갑지는 않았지만, 이렇게라도 자신의 메시지를 알려야겠다고 생각했다는 것이다.

그 교주와의 인터뷰는 사전에 양해를 구하고 녹음을 했다. 그 교주의 정확한 발언이 필요했기 때문이다. 그러자 교주 측 어느 신도도 동일하게

나는 교주다

녹음과 동영상 촬영을 했다.

"내가 대통령이 된다는 계시를 받았다"라는 제목으로 기사가 보도되었다. 그다음 날 그 교주로부터 연락이 왔다. 점잖은 목소리였지만, 불만이 가득했다.

— 왜, 이런 식으로 기사를 썼나요. 나에 대해 부정적으로 기술했네요?

— 기사 내용 중에 사실과 다른 게 있나요? 예를 들어 교주님이 말하지 않은 것을 제가 썼다든가, 아니면 말한 내용을 제가 반대로 쓴 것이 있습니까?

교주는 '그런 것은 아니다'라며 말했다. 그렇지만 그는 자신이 받은 계시를 부정적으로 기사화했다며 불만을 토로했다. 대통령이 된다는 계시를 받았다는 내용을 어떻게 긍정적으로 표현할 수 있을까? 기사를 내려달라는 교주의 요구에 'NO'라고 답했다. 약 한 시간 후 그 교주 측 남자 신도로부터 다시 전화가 왔다. 그는 자신을 교주의 아들이라고 소개했다. 그는 다짜고짜 기사를 내려달라고 요구했다. 거절했다. 변호사를 사서 법적으로 대응하겠다는 등 거칠게 나왔다. 사이비 교주나 신도들을 대응하다 보면 늘 듣는 말 중 하나가 이런 것이다. '법적 대응하겠다', '고소하겠다', '민형사상 책임질 줄 알아라' 등이다. 이럴 때 내가 할 수 있는 반응은 이런 것이다. '아~ 그래요. 그렇게 하세요. 법적 대응하겠다고 말로만 으름장 놓지 마세요. 만약 그렇게 하지 않으면 공갈 협박한 것으로 내가 소를 제기할 테니….'

다음 날 교주 측의 반응이 이어졌다. 이때는 양상이 달랐다. 교주 측 여신도 한 사람이 사무실로 직접 찾아왔다. 50대 중반으로 보이는 여신도였다. 그는 그 교주를 생명의 은인으로 여기고 있다며 자신을 소개했다. 소위 교주 맹종파 신도라는 의미다. 그 여신도 역시 처음부터 요구 사항이 단순했다.

— 기사 내려주세요.

그의 요구에 나의 대답도 단순했다.

— 안 됩니다.

위와 같은 간단한 대화가 수백 번 반복됐다. 그는 자신의 교주가 얼마나 착한 사람이고, 성실한 사람인지 설명하기도 했다. 그 설명 끝에 기사 내려달라고 요구했다. 거절당하자, 그는 다시 교주가 받았다는 '대통령 된다는 계시'가 왜 옳은 것인지에 대해 구구절절 설명했다. 그런 후 다시 기사를 내려달라고 요구했다. 요구를 들어줄 수 없다. 시간이 많이 지나갔다. 이제 그는 기사를 내려주기 전까지 이 사무실에서 나가지 않겠다며 강짜를 부렸다. 가방을 내려놓고, 겉옷도 벗어놓았다. 자리 잡고 누울 형국이다. 그는 자신이 이러한 일을 해봤다고까지 했다. 그는 다시 자신의 지나온 인생 이야기를 풀어놓으며 울기까지 했다.

'난감하네~' 이때는 조금 신경 쓰였다. 마침 그때 사무실에는 나 외에 아무도 없었다. 섬뜩한 생각까지 들었다. 만약 이 여신도가 울면서 사무실 밖으로 뛰어나가며 '살려주세요' 등으로 소리를 지르면 정말 골치 아픈 일이 발생하겠다는 불길한 생각도 들었다. 부랴부랴 녹음기라도 켜두었다. 당시 사무실 내에 CCTV도 없었다. 그 여신도는 기사 내려줄 때까지 사무실을 떠나지 않겠다며 계속 자리에 앉아 훌쩍거리고 있었다. 그의 기세를 보니 정말 그럴 것 같아 보였다.

이 신도가 사무실로 찾아와 강짜를 부린 지 거의 3시간째였다. 어떠한 조치를 취해야 할 시점이었다. 그러나 딱히 방법이 생각나지 않았다. 그때 그 교주에게 전화를 걸어 지금의 상황을 설명해야겠다는 판단이 들었다. 그 대화를 녹음해 두는 게 만일을 위해 필요하다고도 생각했다. 괜찮은 행동이었다. 교주에게 전화를 걸었다. 교주는 여신도가 이곳에 온 사실을 몰랐던 모양이다. 나는 교주에게 경비원을 불러 여신도를 끌어내고 이 상황을 그대로 다시 기사화해서 내보내도 괜찮겠냐고 되물었다. 내가 바라는 바는 '교주, 당신이 여신도를 설득해서 사무실에서 나가도록 하세요'였다. 교주가 그 여신도와 전화통화를 했다.

— 이대로는 못 나가요. 기사 내릴 때까지 며칠이 걸리더라도 이곳에서 버틸 거예요. 저 이런 일 잘해요. 걱정 말고 기다리세요.

그 여신도는 오히려 교주를 설득하려 했다. 그들끼리 꽤 오랫동안 통화했다. 통화가 끝난 후 그 여신도는 돌아가겠다며 자리에서 일어났다. 이 일이 있은 후, 여신도 한 사람이 막무가내식으로 찾아오는 게 제일 무서워졌다.

또 다른 이야기다. 10여 명의 신도들이 한꺼번에 사무실에 찾아온 적이 있다.

— 장기자가 누구입니까?

그들은 내 책상 앞으로 오더니 다짜고짜 소리를 질렀다. 육두문자까지 써가며 협박까지 했다.

—네가 진짜 기자냐?

—야, 이 ××야, 기자면 사실을 똑바로 알고 기사를 써야지.

—우리 교주님을 음해할 목적으로 쓴 것이잖아.

폭언이 쏟아졌다. 삿대질하는 것은 기본이고, 간간이 책상을 두드리는 등 '쿵쾅' 거리는 소리도 들렸다. 혼란스럽고 시끄러웠다. 그들은 당장 나를 한 대 칠 기세였다. 나도 가만히 당하고만 있지 않았다. 소리를 질렀다.

—이것 보세요.

그들이 잠시 주춤거렸다.

—여러분! ◇◇◇건 기사로 저에게 따지러 온 것이죠?

그들은 그렇다고 했다.

—이렇게 한꺼번에 여러 명이 말을 하면 제가 어떻게 답을 하겠어요. 그냥 여러분들 이렇게 떠들다가 돌아가시겠어요? 그러면 지금 여러분이 보인 이 행동이 그대로 다시 기사화되어 나가게 됩니다. 그것을 원하시나요?

—….

—그것이 아니면 모두 밖으로 나가시고 한 사람씩 들어오시면 제가 차분하게 앉아서 대화를 하겠습니다. 어떻게 하시겠어요?

—….

그들은 눈치를 살피다가 좋다며 후자를 택했다. 대표자 한 사람을 제

외하곤 모두 사무실 밖으로 나가 대기하기로 했다. 사이비 신자들의 불만
이라는 게 대부분 교주에 대해 부정적으로 기사를 썼다는 내용이다. 그
대표자 한 사람과 대화를 시작했다.

— 기사를 통해 기분이 상하셨다는 점은 충분히 이해합니다. 그러나 기사
  중 어떤 부분이 문제라고 생각하시나요? 사실관계에서 잘못된 게 있
  나요? 또는 그쪽 교주님이 하지 않은 말을 제가 쓴 게 있나요? 만약 그
  런 게 있다면 제가 정중히 사과드리고 수정하겠습니다. 도대체 무엇이
  문제인가요?

이런 경우가 종종 발생하기 때문에, 교주 관련 기사는 한 문장, 한 문
장을 증거 중심으로 사실관계 잘 따져서 작성한다. 심증적으로 확실해도
물적 증거가 없으면 기사로 작성하는 것을 한 번 더 생각해야 한다. 10개
중 한 개만 틀려도 모두 틀렸다고 판단을 받게 되는 게 이런 비판 기사다.
신도들에게 기사 중 사실관계에서 잘못된 게 있냐고 물으면 대부분 답을
하지 못한다. 신도들은 대부분 기사를 꼼꼼하게 읽지 않는다. 자신들의
교주를 부정적으로 기술했다는 점만을 생각하고 따지려고 한 것이다. 다
혈질적인 일부 신도들은 이때 '고소하겠다'는 말을 꼭 한다. 자신들이 잘
아는 어떤 사람이 검사이고, 판사이고 또 변호사가 어쩌고저쩌고…. 엄청
늘어놓는다. 내가 한 마디를 덧붙였다.

— 고소하시면 될 일을 여기는 왜 찾아오셔서 소동을 일으키십니까? 여
  기에서 소리 지르며 한 말과 행동이 법적으로 여러분에게 불리하게 적
  용되는 것 모릅니까?

그 대표자는 대화를 마친 후, 밖으로 나갔다. 그다음 신도가 들어올 줄 알았는데 그렇지 않았다. 아무도 들어오지 않았다. 밖에서 웅성웅성 소리가 잠시 들리더니 이내 조용해졌다. 모두 돌아갔다. 그래서 상황이 종료됐다. 나에게 그런 용기가 어디서 나왔는지…. 사이비 교주 취재기자 생활이 거듭될수록 나도 강해진다는 느낌이다.

— 우리 신도들은 칼에 찔려도 죽지 않아!

하지만 교주님은 돌아가셨어요

한 집회 현장에서 다툼이 발생했다. 사이비 피해자들과 현재 사이비 신도들 간의 언쟁이었다. 격해진 말다툼이 자칫 큰 사고로 이어질 뻔했다.

— 여러분, 지금의 ○○○ 교주는 거짓이며 사기꾼입니다.

— 감히 우리 교주님을 욕하다니…. 우리는 교주님 때문에 죽지 않아! 영
    생한다고!

— 웃기는 소리, 인간은 언젠가 모두 죽어!

— 이 칼로 나를 찔러봐, 찔러봐. 못 찌르지! 우리는 죽지 않아….

— 이게 정말….

피해자들은 흥분했다. 그들은 '인간은 죽는다'는 것과 그 교주가 거짓이라는 것을 직접 보여주겠다며 건네받은 칼을 들고 행동에 나서려고 했다. 일촉즉발의 상황이었다.

이 사건은 영생을 주장하는 어느 사이비 교주 때문이었다. 그 피해자

들이 피해 고발 집회를 개최했다. 여전히 교주의 아래 남아 있던 신도들도 이 행사에 대거 참석했다. 피해자들과 현 신도들 간의 출동은 예상됐던 일이었다. 피해자들은 '교주는 거짓, 사기꾼'이라며 목소리를 높였다. 그러자 현 신도들이 발끈했다. 신도들은 피해자들에게 휴대용 칼을 주면서 자신을 찔러보라고 했다. 신도들은 교주를 믿기 때문에 칼로 찔러도 죽기는커녕 상처 하나 남지 않는다며 찔러보라고 조롱 섞인 말까지 던졌다. 주변에 있던 사람들 덕분에 가까스로 칼부림이 일어나는 사태는 막을 수 있었다.

그 교주를 취재하라는 지시가 내려왔다. 기자 초년 시절 때다. 이곳은 기독교와 유교 그리고 불교 등 모든 종교를 통합한다고 주장하는 단체다. 마침 교주의 70번째 생일잔치가 본부에서 열린다고 했다. 현장에 들어가 교주의 얼굴은 물론 행사 각 장면을 사진으로 담아오는 게 취재기자인 나의 임무였다. 당시엔 지금의 스마트폰이 나오기 이전이다. 2880줌렌즈가 달린 커다란 카메라를 메고 다닐 때다.

경기도 한 지역에 위치한 이 사이비 단체를 찾아갔다. 카메라를 전용 가방이 아닌, 일반 가방에 넣어 가지고 갔다. 기자인 것을 드러내지 않으려고 했다. 교주의 생일 축하 잔치 때문인지 많은 사람이 그곳을 찾았다. 출입구에 문전성시를 이루고 있었다. 승려복을 입은 사람도 꽤 많았다. 두루마기에 갓을 쓴 전통복장을 갖춘 사람도 보였다. 불교, 유교, 기독교 등 모든 종교를 통합한다는 곳이라는 말이 어울려 보였다. 사람들 틈에

나는 교주다

섞여 집회장 안으로 들어갔다. 1천 명 이상은 모인 듯, 꽤 많은 사람이 운집해 있었다. 특이한 점은 집회장 중앙선을 중심으로 참석자들이 남녀를 철저히 구분하여 앉았다는 것이다. 의자가 없는 바닥에 방석을 깔고 앉으니, 생각보다 꽤 많은 인원이 자리에 앉았다. 나는 오른쪽 남자 구역 중간 지점에 자리를 잡았다.

집회가 시작되었다. 교주 생일 축하 공연이 순서에 따라 진행됐다. 교주는 신도들 중앙 앞쪽에 혼자 의자를 두고 앉았다. 노래, 무용, 시 낭송, 참석 인사들의 축하 메시지 등이 이어졌다. 교주는 손뼉을 치며 즐겁게 생일잔치 공연을 즐기고 있었다.

일본 무용단의 화려한 공연이 시작됐다. 사진 촬영을 시도해야 할 때로 보였다. 어떻게 할까? 사진 촬영하는 이가 거의 없었다. 내 카메라는 수동으로 꽤 큼지막했다. 게다가 2880렌즈를 장착하면 훨씬 크다. 무게도 제법 묵직하다. 이것으로 은밀히 촬영하는 것은 불가능했다. 카메라를 꺼내는 순간부터 이목이 집중될 게 뻔했다. 그래서 대범하고 공개적으로 촬영하기로 했다. 마치 주최 측에서 인정한 사진사인 것처럼 말이다. 만약 제지가 들어오면 그만하고, 쫓겨나면 그만이라고 생각했다. 뭐~ 그 방법밖에 없어 보였다.

나는 그 자리에서 벌떡 일어나 사진기 셔터를 눌렀다. 셔터 소리도 제법 컸다. 이때 집회장 구석구석에 서 있던 검은색 정장에 색안경을 쓴 남성들이 고개를 돌려 일제히 나를 쳐다봤다. 소위 '행동대원'들이다. 손에 들고 있던 무전기로 서로 통화하는 모습도 보였다. 무슨 대화를 했을까?

'저 녀석 잡아라'라고 했을까? 심장이 두근거렸다. 그래도 나는 자연스럽게 행동하려고 노력했다. 가방을 둘러매고 중앙 통로로 걸어나오면서 계속 여기저기를 촬영했다. 출입구쪽 행동대원들이 유난히 나를 계속 쳐다보았다. 그들 앞을 스쳐지나 2층으로 올라갔다. 그런데 행동대원들이 나를 그대로 놔두었다. 특별히 제지하지 않았다. '휴~'. 그렇다고 안심이 되지는 않았다. 내 다리는 계속 후들거렸다. 2층에 올라가니 손뼉 치며 웃고 있는 교주의 모습이 더욱 잘 보였다.

어느 정도 사진 촬영을 마쳤다 싶어 부리나케 집회장을 빠져나갔다. '휴~ 살았다~' 안도의 한숨이 절로 나왔다. 사이비 집회 취재는 늘 이런 식의 긴장감이 있다. 취재를 위해 목숨 건다고 하면 과장일까? 사이비 단체들에서는 나를 환영해주지 않으니 말이다. 사무실에 전화를 걸었다. 마치 승전보를 알리듯 사진 촬영의 임무를 잘 마쳤다고 알렸다.

— 네? 다시 들어가라고요!?

아이고!! 교주가 단상에 올라가서 연설할 때의 모습도 사진으로 담아와야 한다는 지시였다. 그 사진이 꼭 필요하다는 피해자의 부탁이 있다고 했다.

'아~ 정말…. 그럼 미리 말해주든가….'

내가 돌아가야 할 그 집회장이 지옥처럼 느껴졌다. 흘러나오는 음악, 사람들의 환호성, 북한식 박수 소리 등이 나의 전신을 졸라매는 듯했다. 집회장 문을 살짝 열고 다시 발을 집어넣었다. 문 앞에 서 있던 행동대원들에게 가볍게 목례를 했다. '우리 서로 알잖아~' 뭐, 이런 시그널을 주려 했다. 그게 통했는지 그들은 나의 행동에 크게 개의치 않았다. 이곳저곳 연신 카메라 셔터를 다시 눌렀다.

드디어 교주가 단상에 올라갔다. 교주의 모습을 보자 신도들은 환호성을 지르며 열정적으로 손뼉을 쳤다. 그 신도들의 모습이 꼭 '북한' 같았다. 손바닥을 눈높이까지 올리고 '와~'라는 소리를 지르며 빠르게 박수하는 게 비슷했다.

교주는 자신이 기독교는 물론이고 불교, 유교 등 모든 종교를 통합한다고 주장했다. 그 증거로 자신의 집회 중에는 '영적 이슬'이라는 게 내린다고 했다. 사진을 찍으면 그것이 나타난다고 했다. 그들이 제시한 사진엔 어떤 것이 빠르게 '휙~' 지나간 듯한 흔적들이 나온다. 교주가 연설하면서 그런 사진들이 제시될 때마다 신도들은 또 손뼉을 치며 환호했다. 자신들에게 특별한 영적인 기운 같은 게 임한다고 여기는 듯했다. 신도들은 길거리에서 포교할 때 이런 사진들을 사용한다. 그 사진들을 대형 액자로 만들어 길거리에 걸어놓고 시민들에게 접근하기도 했다.

그런 사진들이 진짜일까? 이런 식의 사진을 이용하는 사이비 교주들이 꽤 있다. 집회 때, 수련회 때 또는 개인 사진들에 특이한 흔적이 나타났다며, 그것을 신비스러운 영적 현상이라고 주장하곤 한다. 사진 화면에 무엇인가 '휙~' 지나가는 듯한 현상이나, 빛의 반사체 현상 등의 모습이다. 그런 게 정말 신비스러운 영적인 현상일까? 인터넷을 통해 그런 사진들을 찾아보았다. 일반적으로 사진 촬영 때 나타날 수 있는 '플레어 현상'이라는 설명이 많았다. 밝은 광원이 있을 때 그 광원이 렌즈의 경통 안에서 반사되고 또다시 필터에 반사되어 나타나는 현상이다. 주로 야간에 많이 발생하고 낮에도 밝은 광원에 의해 자주 나타난다고 했다. 그런 류의 사진들이 인터넷에 많이 있었다.

이 단체에서 제시하는 사진 중에는 플레어 현상으로 설명하기 힘든 것들도 있었다. 카메라 앞에 무엇인가 '휙~' 지나가는 듯한 어떤 현상이다. 그 사진을 유심히 쳐다보다가 내가 한번 만들어 볼 수도 있겠다는 생각이 들었다. 번뜩 떠오르는 아이디어가 있었다. 내가 가지고 있는 줌렌즈 카메라를 통해 약 30미터 거리에 있는 물통에 수동으로 초점을 맞추었다. 이후 카메라 바로 앞 30센티미터 위치에 철사, 옷걸이, 볼펜 등을 두고 함께 촬영했다. 결과는 역시…. 물통에 초점을 맞추었기 때문에 물통은 또렷한 모습으로 촬영되었다. 그런데 그 앞에 있던 철사 등 물건들이 형체를 알 수 없는 하얀 모습으로 나타난 것이다. 위 신도들이 말하는 '영적 이슬' 사진과 구분하기 힘들 정도의 유사한 작품을 촬영해 낸 것이다.

그곳 신도들은 모두 주머니에 교주의 증명사진을 한 장씩 갖고 다닌다. 그 사진을 갖고 다니면 만약에 교통사고의 순간 등 어떠한 위험한 상황 속에서 교주의 영이 순식간에 날아와 자신을 안전하게 지켜준다고 신도들은 믿고 있었다. 앞서서 신도들이 칼을 내밀며 자신 있게 자신을 찔러보라고 했던 이유도 여기에 있다.

인간의 육신의 생명이 죽지 않고 영원히 산다는 '영생'을 핵심 교리로 내세우는 교주들이 꽤 많다. 신도들은 영생을 받았다는 증거로 교주가 써준 어떤 '증서'나 '인감도장' 또는 사진이나 꿈속에서 만남 등을 제시한

나는 교주다

다. 심지어 신도들의 신체 특별한 곳의 안수나 교주와의 잠자리가 영생의 그 증거라고 주장하는 이도 있다.

위의 교주는 어떻게 되었을까? 세월이 지나 그는 지병으로 사망했다. 신도들에게 영생을 준다는 이가 자기 목숨 하나조차 유지하지 못한 것이다. 이런 소식을 들을 때마다 마음이 씁쓸하다. 내 속에서부터 화가 끓어오르기도 한다. 교주는 죽었지만, 그 단체는 그곳에 그대로 존재하고 있다.

— 그 백색 정장에 백구두 입은 남자 보셨죠?

교주님은 강간범 2

한 여신도로부터 다급한 전화가 걸려왔다. 그녀는 교주에게 성폭행을 당했다고 했다. 그 여신도는 전화로 첫 질문을 이렇게 했다. "우리 교주님이 메시아가 맞나요?"였다. 나는 그 교주가 누구인지 이미 잘 알고 있었다. 당연히 "아닙니다"라고 답했다. "정말 메시아가 아닌가요?"라고 거듭 물었다. 나 역시 "결코 아닙니다. 밥 먹고 ×싸는 인간에 불과합니다"라고 다시 강조했다. 그러자 그녀는 갑자기 펑펑 울기 시작했다. 그녀는 눈물을 쏟으며 자신이 교주에게 성폭행을 당했다고 털어놓았다. 1년 동안 거의 매일같이 당하고 지냈다고 했다. 그녀의 목소리가 매우 떨렸다. 이 나쁜 놈의 교주, 그 자식이…….

이런 전화가 왔을 때 덩달아 흥분해서는 안 된다. 그녀를 안정시켜 주는 게 최우선이다. 성폭행 문제를 언론에서 취급하는 것은 결코 쉽지 않다. 기사화하는 것도, 법적 소송을 진행하는 것도 어느 것 하나 만만하지

나는 교주다

않다. 성폭행을 입증하는 게 제일 큰 어려움이다. 피해자의 주장만으로는 안 된다. 제일 중요한 것은 '사실 확인'이다. 그에 따른 물적 증거가 중요하다. 최소 상대방과의 대화 내용이 있어야 한다. 돈이 오간 증거나 다른 서류 등이 있으면 더욱 좋다. 기자는 언제나 이 '사실 확인'의 자세부터 취해야 한다.

그 여신도가 생각보다 적극적이었다. 만나서 대화를 이어가기로 했다. 그가 다음 날 사무실로 찾아왔다. 30세 후반의 미모가 있는 여신도였다.

— 저는 그 단체를 어려서부터 다녔어요. 한 20년 된 것 같아요. 교주님을 메시아라고 믿고 따랐지요. 물론 지금은 아니에요. 그놈은 나쁜 놈이에요. 저에게 1년 동안 아주 몹쓸 짓을 했어요. 아~ 이제 어떻게 해요…. 흑흑….

그녀는 전화상으로 대화할 때보다 더 흥분되어 말했다. 그녀는 교주를 메시아라고, 신으로 생각하고 철저하게 교주를 믿으며 신앙생활을 했다고 말했다. 약 10살 때부터 부모님과 함께 교주가 운영하는 그 단체를 다녔다. 교주 신격화는 그녀에게 자연스러운 신앙 그 자체였다. 지금 그녀는 교주에 대해 말할 때마다 화로 가득 찼다. 그녀는 자신의 눈을 덮었던 사이비 교주에 대한 맹신의 눈꺼풀이 이제야 벗겨졌다고 했다.

그녀는 약 2년 전에 그 신앙 단체 안에서 한 남자를 만나 결혼까지 했다. 남편도 교주를 메시아로 의심 없이 믿는 충성스러운 신자였다. 신혼부부로 나름대로 재미있게 살아가고 있었다. 문제는 이제부터다. 몇 개월이 지났을 때, 교주가 갑자기 남편을 불렀다. 남편에게 모 지방에 있는 지부와 관련한 명령을 내렸다. 1~2년 동안 혼자 내려가서 그 지부를 활성화시키라는 게 명령의 내용이다. 그럼 가정은? 직장은? 어쩌란 말인가?

충성스러운 남편은 교주의 명령에 그렇게 하겠다고 말했다. 직장을 그 지방으로 옮겼다. 다행히 기술직이라 이직하는 게 그리 어렵지는 않았다. 신혼 가정은 어찌할 것인가? 남편은 쉬는 날 자신이 올라오겠다면서 잠시만 참고 살자고 했다. 그렇게 해서 신혼 가정은 별거 아닌 별거 상태가 되었다.

이윽고 교주가 본색을 드러냈다. 교주는 밤마다 이 여신도를 자신의 사무실로 불렀다. 교주의 사무실은 집회장 꼭대기 층에 있었다. 출입문이 이중 철문으로 되어 있었다. 신도들도 함부로 올라가지 못하는 곳이었다. 교주는 그 여신도에게 잠자리를 요구했다. 교주는 여신도를 유혹하기도 하고, 협박하기도 했다. 그 내용은 이런 식이다. '신혼 가정에 신의 복이 내려오기 위해서는 여자의 몸이 먼저 깨끗해야 한다', '지방에 있는 남편에게 화가 임하지 않기 위해서 여자가 좀 더 충성해야 한다', '마지막 때에 교주와 함께 천국에 올라가기 위해서 교주와 하나가 되어야 한다', '인간의 피가 깨끗해져야 가정이 깨끗해진다'.

그 여신도는 교주의 요구를 뿌리칠 수 없었다. 상대는 신처럼 추앙되는 교주다. 무엇보다 자신이 교주의 뜻을 거역하면 남편에게 화가 임한다는 말이 제일 두려웠다. 또 교주 방의 철문이 닫히면 안에서 일어나는 일을 밖에서 알 수가 없다.

　　　　　　　　　　　　　　　　　　　　　　　　나는 교주다

남편은 지방에서 집에 거의 올라오지 못했다. 평일에는 직장에 출근하고 주말에는 지방에 있는 교주의 지부를 활성화시킨다며 파김치가 되도록 충성 봉사했다. 그동안 그 여신도는 매일 밤 교주의 성노리개로 살았다. 교주가 오라는 시간에 찾아갔고, 또 교주가 요구하는 모든 짓거리에 응대해주었다. 교주의 변태적인 요구에도 꾹~ 참고 따라주었다. 약 1년간 그렇게 살았다. 그녀의 머릿속에는 남편이 화를 당하지 않도록 하겠다는 마음뿐이었다. 남편을 향한 교주의 저주가 머릿속에서 떠나지 않았다.

어느 날 TV를 시청하다가 불현듯 '이게 아니다'라는 생각이 들었다. 당시 또 다른 사이비 교주의 성폭행 문제가 TV를 통해 방송되고 있었다. 충격이었다. '나도 혹시⋯.'라는 생각에 자신의 상황을 되돌아봤다. 하나하나 따져보니 자신도 교주에게 말도 안 되는 성폭행을 당하고 있는 상태였다. 순간 두려웠다. 치욕스러웠다. 어떻게 해야 할지 몰랐다.

제일 먼저 자신의 교주에 대해 '그가 진짜 메시아인가'에 대해 다른 사람의 의견을 들어보고 싶었다. 그 방송국에 전화를 걸었다. 보통 방송국에서는 신앙상담을 하지 않는다. 신앙상담, 특히 사이비 교주 관련 상담을 해줄 수 있는 곳으로 연결시켜 주는 게 보통이다. 그 연결시켜주는 곳 중한 곳이 바로 위 사무실, 즉 나였다. 그래서 나에게 전화가 왔던 것이다.

— 성폭행 문제는 증거가 필요해요. 그 교주와 대화나 전화 통화한 것들에 대한 녹음 파일이 있나요? 주고받은 문자나 이메일 또는 같이 찍은 사진 등 어떤 것이라도 있어야 하는데, 가지고 있는 게 있나요?

내가 기자이지만, 이 경우는 기삿거리보다는 법적인 절차를 밟을 수 있도록 그를 돕고 싶었다. 그렇게 하기 위해서는 그녀의 증언을 뒷받침해 줄 만한 어떠한 증거가 필요했다. 그러나 그녀는 어떠한 증거도 가진 게 없었다. 또 그렇게 해야 하는지에 대한 지식과 정보도 전혀 없었다. 난감했다. 그럼 어떻게 할까? 그 나쁜 교주를 이대로 그냥 둘 수는 없었다.

증거를 만들어 내기로 했다. 교주와 여신도가 가끔 밖에서 만나 커피 마시는 시간을 갖는다고 했다. 그것을 이용해보기로 했다. 그녀에게 최고 성능의 mp3를 장착시키고, 교주와의 대화를 녹음하기로 했다. 가능한 대로 서로 간에 발생했던 성행위에 대한 대화를 하라고 했다. '지난주, 지난 연말연시 또는 겨울' 등 예측이 가능한 시간을 언급하며, 어느 장소였는지에 대해서도 자연스럽게 말하도록 했다. 그녀는 두려워했다. 자신이 신처럼 여겼던 교주와 의도적인 대화를 한다는 것 자체를 '죄'로 여기는 듯했다. 그 여신도의 마음을 설득시키는 것 역시 쉽지 않았다. 녹음은 당사자인 그녀가 할 수밖에 없었다. 당사자가 아닌 제3자인 내가 할 경우 불법이 될 수 있기 때문이다.

드디어 교주와 여신도와의 커피 데이트 날짜가 잡혔다. ○○일 □□카페에서 만나기로 한 것이다. 나는 그 지역을 사전 답사했다. 그 카페 바로 앞 건물에 올라갔다. 3층 복도의 작은 창에서 그 카페가 정면으로 내려다보였다. 나는 그곳에서 교주가 들어가고 나가는 사진을 찍기로 했다. 대화가 잘 되면 여신도가 교주를 배웅하러 카페 앞까지 함께 나오라고 주문도 했다. 교주와 함께 찍힌 사진이 좋은 증거가 될 것으로 보였다.

취재 당일 여신도는 고성능 mp3 녹음기를 몸에 장착했다. 언뜻 보아서는 전혀 알 수 없게 했다. 그녀는 약속 시간보다 10여 분 일찍 카페로 들어가서 대기했다. 나는 건너편 건물 3층으로 올라갔다. 카메라를 꺼내 촬영준비를 해 놓았다.

시간이 되었다. 하얀색 승용차 한 대가 카페 바로 앞에 도착했다. 교주라는 느낌이 강하게 들었다. 맞았다. 백색 정장에 백구두까지 차려입은 한 남자가 차에서 내렸다. 누가 봐도 교주의 모습이었다. 백구두 교주.

'찰칵, 찰칵….'

내 사진기 셔터가 연신 눌렸다. 셔터 소리가 제법 컸지만, 맞은편 건물 3층에서 나는 소리였기에 걱정이 없었다. 이제 그 여신도의 역할만이 남았다. 자연스럽게 대화를 하기만 하면 된다. 나머지 모든 일은 mp3 녹음기가 도와줄 것이다. 백구두 교주는 이제 독 안에 든 쥐다.

30여 분이 흘렀다. 조금 전 보았던 하얀색 승용차가 다시 카페로 왔다. 대화가 끝난 것으로 보였다. 나는 다시 카메라를 들어올렸다. 교주와 여신도가 함께 나오기를 기다렸다. 옆에 함께 서 있거나, 손을 잡는 등의 모습이 연출되기를 기다렸다. 팔짱까지 낀다면 더욱 좋은 그림이 될 것이다.

1분 정도 후에 백구두 교주가 카페에서 나왔다. 그러나 그는 나오자마자 '후다닥~' 서둘러 그 차에 탑승했다. 사진을 찍을 틈이 없을 정도였다. 교주가 차에 오르자마자 그 하얀색 승용차는 '부릉~' 거리며 빠르게 그곳을 빠져나갔다. 그 여신도가 교주를 배웅하러 나오지도 않았다. 어떻게 된 것이지? 그 여신도가 나오면 물어볼 수밖에 없었다. 백구두 교주에게 무슨 급한 일이 발생했나? 여신도가 그 카페에서 나오기를 기다렸다.

시간이 꽤 지났다. 여신도는 나오지 않았다. '눈물도 닦고, 화장실도 다녀오느라 늦나 보다'라고 생각했다. 나는 카메라와 짐을 챙겨 맞은편 건물에서 내려와 카페 문 앞으로 갔다. 그 여신도에게 전화를 걸었다. '받을 수 없는 상태입니다'라는 메시지가 나왔다. 몇 차례 계속 전화를 했지만, 동일했다. 그 여신도는 전화를 받지 않았다. 본인이 나에게 먼저 전화를 해도 부족할 판인데, 오히려 내 전화까지 받지 않으니 어떻게 된 일인가? 계속 전화가 불통이 되어 직접 그 카페로 들어갔다. 아무리 찾아보아도 그 여신도는 보이지 않았다. 종업원에게 백구두 교주와 함께 대화했던 여인에 대해 물어봤다. 그 종업원은 잘 기억했다. 아마도 백구두 교주의 독특한 옷차림 때문일 게다. 그 여인은 교주가 떠난 후, 카페의 또 다른 문으로 이미 떠났다고 했다.

'엥~'

아뿔싸! 내가 뒤통수를 맞았다. 아주 크게 맞았다. 그날 이후 그 여신도와 연락이 되지 않았다. 그녀는 자신의 전화번호도 바꾸었다. 그와 연락할 수 있는 다른 방법이 전혀 없었다. 그녀의 집 주소, 지방에 있다는 남편의 집 주소나 회사 연락처 등 나도 그 여신도의 실체에 대해 아는 게 없었다. 그렇다고 백구두 교주에게 물어볼 수도 없는 일이었다.

동료 기자들이 상황을 해석해주었다. 그 여신도의 어설픈 연기(?)가 백구두 교주에게 들통난 것으로 보인다. 이후 그 여신도는 백구두 교주에게 다시 회유를 당했을 것이다. 여신도 남편에게 화가 임한다는 등의 공갈 협박이 이때도 작용했을 것이다. 당연히 배후를 물었을 것이고, 카페 밖에 기자가 대기하고 있다고 말했을 것이다. 카페 직원에게 물으니 뒷문이 있다고 했다. 백구두 교주는 그 여신도에게 얼마의 돈을 주고 남편이 있는 지방으로 내려가라고 명령했을 가능성이 커 보였다. 어쨌든 그 여신도는 백구두 교주에게 다시 회유당하고 잠적했다고밖에 볼 수가 없었다.

아…. 원숭이도 나무에서 떨어질 때가 있다고 했던가. 사이비 교주 취재 베테랑이라고 자부했던 내가 이렇게 당할 수가 있는가. 피해자라고 접근한 이에 대해서 너무 경계를 풀었다. 그를 어떻게 해서든 돕고 싶다는 마음이 화를 자초한 꼴이 된 셈이었다. 당시 기준으로 상당히 고가였던 내 mp3 녹음기는 결국 돌려받지 못했다. 물적으로든 심적으로든 내게 아픈 자국으로 남은 사건이다.

그 백구두 교주는 지금도 기독교 목사로 버젓이 활동하고 있다. △△교단 총회장이라는 명함도 갖고 있다. 백구두 교주, 이 나쁜 놈…. 그 여신도는…. 어휴….

"교주가 살짝 당황했다. 이렇게 '훅~' 들어올 줄은 몰랐던
모양이다."

2. 위기의 교주들

— 소문이 아니라 사실이지요.

백마교주는 말이 없다

계룡산은 '신들의 고향'이라는 개념으로 나에게 각인되어 있었다. 특히 신도안이라는 지역은 교주들에게 특별한 장소다. 옛적부터 풍수지리적으로 뛰어난 곳이라고 알려져 왔다. 오랜 세월 동안 무속 신앙의 '메카'와 같은 곳이었지만, 1984년 삼군본부 이전 사업과 함께 이루어진 신도안 재개발 사업으로 모두 철거되었다.

그 계룡산에 언젠가 꼭 한번 가보고 싶다는 마음이 컸다. 무속 신앙인들이 대부분 다른 곳으로 이전했다고는 하지만, 그 흔적들이라도 만나보고 싶었다. 마침 누군가를 통해 귀에 솔깃한 소식이 전해졌다. '백마 타는 교주'가 아직도 계룡산 신도안에 살아있다는 이야기다. 그에 대한 자료를 본 바가 있었다. 백마, 즉 하얀 말을 타고 다니며 자신이 재림예수라고 주장하는, 소위 '백마교주'였다.

그의 생존 여부는 확인할 수가 없었다. 전화, 이메일, 사진 등 그 교주와 직접적으로 소통할 수 있는 방법도 없었다. 결국 확인되지 않는 첩보 수준의 정보였다. 그 정도 수준의 정보면, 사실 취재 대상에서 한참 뒤로 밀리는 게 일반이다. 그러나 '계룡산'이라는 이유 때문에 그 정보에 미련이 남았다. 계룡산에, 또한 '신들의 고향'이라는 신도안에 정말 한 번쯤은 가보고 싶었다. 그래서 결국 결단했다.

'가보자!'

계룡산 신도안까지는 버스를 몇 번 갈아타고 도착할 수 있었다. 문제는 이제부터. '백마 교주'를 어떻게 찾을 수 있을까? 존재하기는 할까? 탐문 수색은 이때 필요하다. 예전 신도안을 향해 무작정 걸어가며 지역 주민들에게 물었다. 한결같이 그런 사람 모른다고 했다. 그래도 계속 걸어가며 만나는 사람마다 붙잡고 물었다.

─신도안에 백마를 타고 다니는 교주가 있다는데….

─아! 있어요. 그 사람….

─정말요?

드디어 만났다. 하늘도 나를 도왔다. 그를 안다고 하는 사람을 정말 만난 것이다. 때론 서울에서 김 서방 찾는 식의 무모함도 통하는 법이다. 그가 지시한 길을 따라 계속 걸었다. 산 중턱까지 올라가면 무엇인가 보인다고 했다. 그곳에 바로 백마교주의 거처라고 했다. 그의 말대로 산길을 따라 걸었다. 헉헉거리며 오르고 또 올라갔다. 어느 정도 올라갔을 때 폐허처럼 보이는 낡은 저택을 만날 수 있었다. 바로 '이곳이다'라는 직감이

나는 교주다

들었다. 출입구에 오른쪽에 낡은 나무 간판이 하나 보였다. 이곳이 어떤 곳임을 알려주는 내용이었다. 세로 방향의 간판에 쓰인 한자가 눈에 들어왔다.

'宇宙一主平和國'

우주일주평화국. 여기가 바로 그곳이었다. 백마교주는 과연 살아있을까? 이제 출입문을 지나 마당 안으로 들어갔다. 잡풀이 우거진 마당은 제법 컸다.

— 실례합니다아~ ~ 계십니까아~ ?

— 뉘시유~ ?

남자 노인의 목소리가 들렸다. 그가 과연 백마교주일까? 잠시 후 백발의 긴 머리를 풀어 흐트러진 채로 노인 한 명이 문을 열고 모습을 드러냈다. 빛바랜 하얀색의 한복 스타일의 옷을 입었다. 툇마루에 걸터앉아 하얀 고무신을 반쯤 걸친 채 질질 끌며 걸어 나왔다. 교주로서 풍기는 어떤 아우라 같은 것은 없었다. 그냥 시골집 할아버지와 같은 푸근한 모습이었다. 드디어 만났다. 그는 내가 찾던 바로 그 계룡산의 백마교주였다.

— 아휴, 먼 곳에서 기자님이 이렇게 직접 오셨구먼. 안으로 들어오슈~ .

산에 올라오느라 숨이 계속 헐떡거렸다. 고생하며 찾아왔다는 티를 내느라 조금 더 심하게 헐떡거린 점도 없지 않았다. 교주를 만난다는 것에 대한 긴장감도 이번에는 별로 없었다. 그 교주의 친절한 안내를 받고 마당을 지나 안으로 들어갔다. 조금은 초라해 보이는 시골집 안방 같은 곳에 앉았다.

— 손님 왔어요.

— 네~

백마교주는 머리를 뒤로 돌려 '손님 왔다'고 목소리를 높였다. 벽 건너편에 누군가 있는 모양이다. 그러자 알았다는 듯 '네'라며 여인의 목소리가 들렸다. 잠시 후 한 여인이 차를 준비해서 들고 들어왔다. 교주보다는 훨씬 젊어 보이는 여인이었다. 평범해 보이는 옛날 모습의 한복을 입었고, 머리에 흰 수건 같은 것을 썼다. 차를 마시며 기자 명함을 건넸다. 백마교주는 이곳까지 오느라고 수고가 많았다며 격려했다. 그의 목소리와 행동은 건장했다. 그에게 단도직입적으로 질문을 던졌다.

— 백마를 타고 다닌다는 소문이 있던데….

— 소문이 아니라 사실이지요. 그런데 그 말이 몇 해 전에 사망했어요. 그 말도 나이가 많아서 그만 세상을 떠났지….

그는 백마를 생각하며 아쉬운 표정을 지었다. 나도 매우 아쉬웠다. 그 말을 보고 싶었다. 가능하다면 한번 타보면 어떨까 하는 생각도 있었다. 백마교주는 한때 기독교 목사로 활동했었다. 성경을 보다가 '백마 탄 재림예수'가 바로 자기 자신이라는 것을 깨달았고 곧바로 계룡산에 들어왔다. 이후 '한님'이라는 신을 모시며 이곳에 자리를 잡았다. 한때는 신도 수가 300명 정도에 이를 정도로 꽤 부흥한 적도 있었다.

— 마지막 날이 오면, 한님의 나라가 세워지게 됩니다. 그러면 온 우주 세상에서 내가 왕으로 등극을 하게 되지요.

그의 신앙의 핵심이 바로 이것이었다. '한님의 왕국'이 세워진다는 것

나는 교주다

이다. 그 왕국은 현재 교주가 살고 있는 이곳을 중심으로 세워진다고 했다. 그 왕국이 곧 이루어질 것이라고 그는 믿고 있다. 그는 자신이 왕으로 등극했을 때 입을 옷도 미리 준비해 두었다고 했다.

— 그 왕복을 보여주실 수 있나요?

교주에게 왕복을 보여달라고 부탁하자, 그는 흔쾌히 허락했다.

— 그렇게 하죠. 제가 한번 입어볼게요.

그는 장롱에서 두루마기 같은 옷을 하나 꺼내어 몸에 걸쳤다. 비단으로 만들어진 그 옷에는 이런저런 화려한 모양이 가득 새겨져 있었다. 가슴에 새겨진 큰 그림이 눈에 들어왔다. 동그란 큰 원 안에 십자가 표시가 그려져 있었다. 어깨에 걸친 긴 스톨stole은 양쪽에 봉황새인 듯한 그림과 함께 꽃 모양의 화려한 장식으로 구성되어 있었다. 그는 왕관도 꺼냈다. 사각형 모양에 구슬 여러 개를 꿰어 달아놓은 면류관 형태의 모양이다. 왕복과 왕관을 모두 착용하니 제법 왕처럼 보였다. 사진 촬영에 그는 두말하지 않고 승낙했다.

출입문 앞에 있던 '우주일주평화국' 간판이 생각났다. 그 앞에서 다시 한번 사진 촬영을 부탁했다. 보도용 사진은 간판이나 현수막이 보이게 찍어야 좋다. 사진 한 장으로 어떠한 내용인지 알릴 수 있어야 하기 때문이다. 백마교주는 그렇게 하겠다며 왕복과 왕관을 쓴 채 나섰다. 신을 신고 밖으로 나서는 순간에 그만 안타까운 일이 발생했다. 교주가 왕으로 등극할 때 신어야 할 '왕의 신발'이 없다는 것이다. 그 신을 신고 많이 다녔기 때문에 해져서 얼마 전에 버렸다고 했다. 왕복과 왕관은 있는데 그것에 맞는 신발이 없다는 것이다. 어쩔 수 없었다. 하얀 고무신을 신고 사진 촬영을 하기로 했다.

— 왕비 의상도 있어요.

백마교주는 뜻밖의 말을 했다. 왕비의 옷도 있다고 했다. 그는 차를 내왔던 그 여인을 다시 불렀다. 왕비 옷을 입고 자신과 함께 사진 촬영을 하자고 했다. 그러자 그 여인은 손을 내저었다. 계속된 백마교주의 권유에도 그 여인은 한사코 거부했다. 사진 촬영이 싫다고 했다.

결국 백마교주 한 사람만 사진 촬영하기로 했다. '우주일주평화국'이란 간판이 걸린 출입문 앞에서 왕복과 왕관, 그리고 하얀 고무신을 신은 채로 백마 교주의 모습을 사진에 담았다. '백마'와 '왕의 신발'이 모두 빠졌다. 아쉬움이 진하게 남았다.

— 옆에 계셨던 여자 분은 누구신지…?

— 네. 제 아내올시다. 저의 신도였는데, 몇 해 전부터 제 아내로 함께 살게 되었습니다.

차를 대접했던 여인에 대해서 질문했다. 백마교주를 따르던 신도였다. 지금은 그 교주의 아내이자 유일하게 남은 신도인 셈이다. 백마교주가 공언했던 '한님 나라'가 이루어지는 것이 요원해졌고, 백마도 죽고 게다가 신도안 철거 등의 영향으로 신도들이 모두 떠난 상황이다. 백마교주는 여전히 '한님 나라'가 이루어질 것이라고 믿고 있었다. 그때가 되면 자신이 세상과 우주의 왕이 될 것이라는 소망도 품고 있다. 그를 따르는 이는 이제 그 여인, 한 명만 남았다.

나는 교주다

— 자녀가 있습니까?

교주 자녀의 생각이 궁금했다. 그들은 아빠의 모습을 어떻게 생각하는지 말이다. 자녀에 대한 질문이 나가자 다소 의외의 답이 나왔다. 자녀가 없다고 했다. 그는 자식을 낳지 못한다는 것이다. 무슨 말인가. 교주는 자신의 몸을 불임 상태로 만들었다고 했다. 오래전에 스스로 그렇게 결정했다고 말했다. 왜? 그는 음욕을 절제하겠다며 과감하게 그런 결정을 내렸다고 했다. 교주는 그것이 자신이 숭배하는 한님을 향한 깊은 신앙의 표현이라고 했다.

계룡산에 다시 한번 오고 싶다는 마음이 들었다. 또 다른 계룡산의 숨쉬는 모습을 보고 싶다. 그때 그 백마교주는 아직 생존해 있을까?

— 말씀을 그때그때 조금씩 다르게 해주십니다.

성령의 글자를 쓴다는 교주

영서를 쓴다는 교주를 직접 만난 것은 그때가 처음이자 마지막이었다. 영서靈書라는 것은 소위 '영적인 글자'를 의미한다. 신으로부터 직접 받는다는 신비스러운 글자라는 것이다. 일반 사람들은 그것을 읽을 수 없고 또한 그 뜻을 전혀 알 수가 없다고 했다. 그 영서라는 것을 받아 쓰고, 또 읽고, 해석까지 해주기 위해서는 특별한 존재가 필요하다는 식이다. '영서'가 언급될 때는 대체로 이러한 논리가 적용된다.

그동안 나는 영서라는 말은 적지 않게 들어보았지만, 그것을 실행한다는 이를 만난 적은 없었다. 나도 궁금했다. 도대체 그 영서라는 것은 어떻게 생겼으며, 그것을 받아 기록한다는 이는 누구이며, 그 내용은 무엇인지 등에 대해서다. 어느 날 영서를 쓴다는 교주에 대한 제보가 들어왔다. 취재 우선순위로 끌어올렸다. 그를 만나기 위해 그가 거주하고 있다는 시골의 한 마을로 직접 찾아갔다.

나는 교주다

작은 시골 마을에서 그 교주가 거주하고 있다는 장소는 일반적인 교회의 간판을 달고 있었다. 시골의 작은 교회로 보였다. 그곳의 문을 열고 안으로 들어갔다. 교주를 곧바로 만날 수 있었다. 영서에 대한 소문을 듣고 찾아왔다고 말했다. 그는 어떻게 그 소문을 듣고 왔는지 꼬치꼬치 캐물었다. 자신이 유명한 인물도 아닌데 어떤 소문이 돌았는지에 대해 궁금했던 모양이다. 나는 제보자를 통해 몇 단계 사람들의 연결 고리의 시나리오를 미리 준비해 놓았다. 그의 마음을 안심시키는 결정적인 말도 만들었다. 이렇게 말했다.

— 저도 방언, 통역, 통변 등 몇 가지 은사가 있습니다. 은사자끼리는 무엇인가 통하는 게 있지 않습니까?

— 그럼요. 통하는 게 있지요.

— 그런데 선생님처럼 영서라는 은사는 처음입니다. 소문을 듣기는 했지만, 이렇게 직접 찾아 뵈올 수 있다는 것은 그 자체만으로도 저에게 영광입니다.

— 에이, 별말씀을….

나의 의도는 이랬다. '나도 은사자(능력자)다. 그러나 당신이 훨씬 뛰어난 능력의 소유자로 보인다. 한 수 배우러 왔다'는 식이다. 그는 곧바로 나에 대한 경계심을 풀었다.

그 교주와의 대화는 곧바로 '영서'로 들어갔다. 그는 하늘에서 영서가 자신에게 수시로 내려온다고 했다. 나와의 대화 도중에도 하늘에서 영서가 막 쏟아져 내려온다고도 했다. 나는 그가 말할 때마다 놀라움과 존경의 표현을 적절하게 날렸다. 그 교주는 기분이 좋은 듯 자신의 정체를 드러내는 데 주저하지 않았다.

그 영서라는 것을 직접 보여달라고 부탁했다. 그는 곧바로 자리에서 일어나 빈 노트와 펜을 가지고 왔다. 정자세를 취한 그는 잠시 눈을 감았다. 이후 무엇인가 신비스러운 영적인 세계 속으로 빠져들어가는 듯한 분위기를 잡으려고 했다. 그는 노트 위에 펜을 올려놓았다. 곧바로 무엇인가 빠르게 쓰기 시작했다. 한 페이지를 가득 채우는 데 5분도 걸리지 않았다. 그는 큰 숨을 내쉬며 펜을 내려놓았다. 다시 내 얼굴을 보았다. 무엇인가 만족스러운 표정을 지었다. 그리고 그 영서라는 것을 내게 보여주었다.

나는 그 영서라는 것을 보자마자 할 말을 잃었다. 잠시 가만히 있었다. 옆으로 길게 이어지는 스프링처럼 생긴 어떤 모양이었다. 흔히 볼펜을 새로 구입할 때 잉크가 잘 나오는지를 테스트하기 위해 빈 종이 위에 작은 동그라미를 연속해서 그린 것과 흡사했다. 나도, 아니 초등학생 1학년만 되어도 그대로 따라 할 수 있는 것이 영서라니, 이게 뭔가….

— 와~ 이것이 바로 그 영서입니까?

— 네, 그렇습니다. 여기에는 놀라운 영적인 말씀이 담겨 있습니다.

— 이것을 읽을 수 있다는 말인가요?

— 그렇죠.

나는 스프링 모양의 끄적인 글자를 보고 놀라움을 표했다. 사이비 교주 취재할 때는 종종 연기력도 필요한 것 같다. 나는 그 영서를 읽을 수 있냐고 교주에게 물었다. 교주는 당연히 읽고 해석까지 할 수 있다고 했다. 그는 그 영서라는 것이 자신에게는 글자로 보인다고 했다. 그는 한 글자, 한 글자를 펜으로 가리키며 해석을 해주었다.

— 오늘 이곳을 찾은 너를 내가 기뻐하며 사랑한다.

— 오…. 신이시여!

그의 해석에 나는 놀라움과 감동의 표현으로 계속 응대했다. 그의 행위는 소위 직통계시 방식이다. 즉, 신으로부터 즉석에서 직접 메시지를 받아 말해준다는 방식이다. 이러한 직통계시에 마음이 연약한 사람은 종종 두려움을 느끼곤 한다. 방언, 계시, 영서 등을 통해 신께서 직접 말씀하셨다는 것 때문이다. 이러한 행위로 종종 교주에게 쉽게 마음을 빼앗기는 사람도 있다. 신과 직접 소통한다는 교주가 그들에게는 평범하게 보이지 않기 때문이다. 교주들도 그것을 노리고 있다. 교주가 오른쪽으로 가라고 하면 오른쪽으로 가고, 왼쪽으로 가라고 하면 신도들은 왼쪽으로 간다. 그렇게 하는 게 신으로부터 내려온 계시라고 믿기 때문이다. 이 단계까지 가게 되면 돌아오기 힘들게 된다.

영서 교주는 이미 작성된 여러 개의 노트를 또다시 가지고 나왔다. 모두 자신이 기록한 영서 노트라고 했다. 그것을 볼 수 있냐고 물었더니 대수롭지 않게 보여줬다. 모두 비슷한 스프링 모양의 그림들이었다. 그는 자신이 갖고 있던 모든 노트를 봐도 된다며 후하게 배려해주었다. 그는 아마도 내가 자신의 덫에 걸렸다고 생각한 모양이다. 그 노트를 펼쳐보면서 독특한 점 하나가 발견됐다. 빨간색, 파란색 등 여러 가지 색깔의 펜을 사용했다는 것이 눈에 들어왔다.

— 이 빨간색으로 기록된 것은 어떤 내용인가요?

— 네. 그것은 신께서 성경을 직접 인용하여 말씀하신 것입니다. 이것은 창세기 ○○장 □□절의 말씀을 인용한 것이고, 또 이것은 신명기 ○○장 □□절의 말씀을 인용한 것입니다.

— 와, 그렇군요.

놀라움의 표현과 존경의 반응이 그를 계속 '고래'처럼 춤추게 만들었다. 나는 파란색, 초록색, 검은색의 글자들을 계속 가리키며 해석해 달라고 요청했다. 한 가지를 요청하면 그는 열 가지씩 말해줄 정도로 적극적이었다. 그가 해석해 줄 때마다 나는 '오…!' 또는 '와…!' 등의 감탄사로 반응을 보였다. 그는 반응에 약간 흥분한 듯했다. 영서 교주와의 대화가 30~40분 정도가 훌쩍 지나갔다.

이제 그를 테스트할 시간이다. 나는 이미 살펴보았던 그의 영서 노트를 다시 꺼내 들었다. 앞에서 해석했던 한 빨간색 펜의 기록을 다시 가리켰다. 그리고 그 부분을 다시 해석해 달라고 부탁했다.

— 그것은 그는 신께서 성경을 인용한 것입니다.

알고 있다. 빨간색 펜이 그 용도라고 그가 이미 말한 바 있다. 문제는 교주가 동일한 글자에 대한 해석을 동일하게 할 수 있느냐 하는 점이다. 그는 내 부탁에 지적한 빨간색의 글자 부분을 해석한다며 성경 구절 몇 가지를 언급했다.

'역시~' 조금 전 그가 말한 것과는 달랐다. 비슷하지도 않았다. 완전히 달랐다. 파란색 글자와 검은색 글자 몇 군데를 더 테스트했다. 마찬가

나는 교주다

지로 해석 내용이 달랐다. 어떤 것은 완전히 빗나간 것도 있다. 이 부분을 직설적으로 지적해보았다.

— 어! 조금 이상한데요. 앞서 이 부분을 해석할 때는 창세기 ○○장 □
　□절이라고 하셨는데, 그 내용이 전혀 없네요. 어떻게 된 것인가요?
　이 부분도 조금 다른 것 같고….

— 아….

교주가 살짝 당황했다. 이렇게 '훅~' 들어올 줄은 몰랐던 모양이다. 교주는 어떻게 나올까? '앞에서도 정확하게 그렇게 해석했습니다'라고 강짜를 부릴까? 그럴 경우 녹음기를 틀어줄 준비도 하고 있었다. 만약 그렇게 된다면 취재는 그것으로 중단될 수도 있겠지만 말이다. 그 교주는 이렇게 빠져나갔다.

— 아, 신께서 영서를 통한 말씀을 그때그때 조금씩 다르게 해주십니다.
　그것을 제가 읽고 모두 정확하게 해석하기 때문에 괜찮습니다. 모두
　다 신께서 하신 말씀이기 때문에 전혀~ 걱정하지 않으셔도 됩니다.

한 번 작성된 영서는 동일하지만 해석은 그때그때 다르다는 말이다. 정말 어이가 없는 주장이 아닐 수 없다. 그 교주에게 그의 영서 노트 하나를 구하고 싶다고 말했다. 그가 잠시 고민한 후 다시 찾아오라며 노트 하나를 주었다. 귀가하는 자동차 안에서 창밖으로 집어 던질까 하는 마음을 꾹 눌렀다. 기사를 쓰기 위해서는 증거 자료가 꼭 필요했다. 그것을 가방 한쪽에 그대로 쑤셔 넣고 올라왔다.

— 오늘은 창세기 51장 10절,
  요한복음 23장 11절 말씀입니다.

죽은 피

대전에 사는 지인으로부터 오랜만에 연락이 왔다. 같은 지역 산속에 이상한 기도원 하나가 있다는 것이다. 그곳을 갔다 온 사람들은 한결같이 '사람 몸에 죽은 피가 흐르고 있다'는 등의 괴상한 소리를 한다. '놀란 피', '놀란 열'이란 말도 사용한다. 원장이 안수를 통해 불치병자를 치료한다는 기도원이다. 대전 지인은 그곳이 무엇인가 이상하다며, 시간 날 때 얼굴도 볼 겸 한번 취재하러 오라고 했다. 기회 되면 찾아가 뵙겠다며 일단 전화를 끊었다.

며칠 후, 대전에서 같은 내용으로 제보가 들어왔다. 대전에 뭔가 이상한 기도원이 있다는 이야기였는데, 살펴보니 바로 그곳이었다. 이렇게 같은 내용의 제보가 비슷한 시기에 한꺼번에 들어오는 경우가 종종 있다. 이런 경우 나는 그 단체(또는 교주)는 십중팔구 문제가 있다고 판단한다. 어느 사이비 단체가 그 지역에서 새로 개업을 했거나, 어떤 특별한 행사를 했다는 뜻이다. 이로 인해 피해자가 이미 발생했거나 앞으로 발생할 가능성이 크다고 볼 수 있다. 실제로 취재해보면 지금까지 100퍼센트 문제가 있는 것으로 확인이 됐다.

기독교에서 '영 분별의 은사'라는 게 있다. 소위 진짜 신앙인지 가짜 신앙인지를 구분해 낼 수 있는 신앙 분별 능력이라고 말할 수 있다. 이 은사는 어느 특정인에게만 있는 게 아니라, 기독교 신앙생활을 하는 사람이라면 누구에게나 주어진 것이라 본다. 특히 지금처럼 동 시간대 같은 지역 사람들이 '어! 이상한데…'라고 여기는 경우 잘 적용된다.

그 제보자에게 '혹시 ○○○ 씨를 아느냐'고 물었다. 대전에 사는 나의 지인 이름을 언급했다. 만약 나의 지인이 다른 사람을 시켜 동일한 제보를 하도록 한 것이라면 경우는 달라진다. 그는 처음 들어본 이름이라며, 전혀 모르는 눈치였다.

죽은 피? 놀란 피? 사전을 찾아보니 두 단어가 비슷하게 '멍이 들어 검게 죽은 피' 정도 의미였다. 도대체 그런 용어를 쓰며 뭘 하기에 소문이 서울까지 퍼진단 말인가? 사실을 확인하기 위해 대전으로 출발했다.

대전 지인을 오랜만에 만나 회포를 풀고 하룻밤 신세를 졌다. 다음 날 아침 일찍 그 기도원을 찾아갔다. 작은 산 중턱에 자리 잡고 있는 그 기도원에 아침부터 사람들이 많이 모였다. 기도원 규모도 꽤 컸다. 입구 접수처에 사람들이 줄을 길게 섰다. 출입자는 먼저 등록을 해야 한다고 했다. 그 등록지에는 단순 방문객인지 치료가 필요한 환자인지, 환자일 경우 어디가 어떻게 불편한지 등에 대한 사전 정보를 기록해야 했다. 입구에는 불치병 치료, 놀란 피 치료 등의 소위 광고 문구가 선명하게 보였다. 한 마디로 이곳이 어떤 곳인지를 잘 알려주는 내용들이다. 치병 행위는 언제나 사람들의 이목을 집중시킨다.

나는 여기서 중요한 판단을 해야 한다. 환자로 등록해서 취재를 할 것인가 아니면 기자임을 밝히고 취재를 할 것인가에 대한 선택이다. 소위 잠입취재냐, 공개취재냐의 갈림길이다. 결정은 그때그때마다 다르다. 잠입취재일 경우 겉으로 드러나지 않은 속 깊은 내용을 취재할 수 있다는 장점이 있지만 때때로 위험하다. 반면 공개취재라면 주최 측의 안내를 받으며 편하게 취재할 수 있는 대신 취재 내용이 수박 겉핥기식이 될 수 있다.

이 기도원은 지역에서는 이름이 꽤 알려진 유명(?)한 곳이다. 규모도 상당히 크고, 신도들도 많이 모인다. 내부 분위기는 매우 개방적이라 판단되었다. 그래서 기자임을 밝히고 접근해보기로 했다.

— 아이고 기자님! 어서 오세요. 먼 곳에서 오셨네요.

접수처에 있던 직원이 나를 반갑게 맞아주었다. 옆에 있던 몇몇 신도들은 기자라는 신분에 깜짝 놀라는 눈치다. 그중 한 명은 기도원 원장에게 보고하려는지 곧바로 자리를 떴다. 다른 이들이 나를 붙잡고 말을 이었다.

— 우리 원장님은….

기도원 원장에 대한 자랑을 길게 늘어놓았다.

— 우리 원장님은 못 고치는 병이 없어요. 우리는 결코 사이비나 이단이

나는 교주다

아닙니다. 원장님은 인격도 훌륭하셔서, 우리 지역의 유명한 인사와 목회자들도 우리 기도원에 자주 오십니다. 우리 원장님은 지역 사회 봉사도 많이 하고 계시거든요….

그 직원들은 '이왕, 이렇게 오신 김에 우리 원장님 안수 한 번 꼭 받고 가세요. 복 많이 받을 거예요'라며 적극적으로 권유를 했다. 또한 '참, 우리 원장님은 모든 안수에 돈을 받지 않습니다'라는 말까지 덧붙였다. 신도들은 매우 적극적이었고, 자부심이 커 보였다.

그 기도원 원장이 있는 곳을 올라갔다. 그 원장을 만났다. 60세쯤 되어 보이는 여자였다. 그는 나를 반갑게 맞으며, 자신이 누구인지에 대해 길지 않게 소개했다. 자신이 이 기도원 원장이 되기까지의 인생 이야기였다. 산전수전 모두 겪은 그의 고생사에 잠깐 감동될 뻔했다. 기자는 슬픈 상황, 웃긴 순간, 두려운 환경 등에 감정이 쉽게 흔들려서는 안 된다. '사실 확인'의 초점을 놓쳐서는 안 되기 때문이다.

나는 원장의 안수 행위가 궁금해서 찾아왔다며, 그 안수 행위를 볼 수 있겠냐고 요청했다. 원장은 흔쾌히 좋다고 했다. 그는 자신감에 넘쳤다. 이윽고 안수 치료실 방으로 자리를 옮겼다. 여러 명의 환자(?) 신도들이 이미 방에 가득 차도록 앉아 있었다. 그들은 원장이 오기만을 기다리고 있었다.

원장은 자신의 무릎 앞에 환자로 온 여신도 한 명을 반듯하게 눕게 했다. 이윽고 복부가 보일 수 있도록 옷자락을 아래위로 젖혀놓았다. 원장

옆에는 두 명의 조수가 있다. 한 명은 노트에 메모할 준비를 하고 있었고, 또 다른 한 명은 소형 카세트로 녹음 준비를 한 상태다. 당시는 mp3가 활용되기 직전이었다. 똑바로 누워 있는 신도는 숨을 죽이며 원장의 처분만을 기다리고 있었다. 마치 병원의 수술실을 연상시키는 묘한 분위기가 연출되었다. 원장은 잠시 눈을 감고 기도하는 듯했다. 원장이 말문을 열었다.

— ×××시 ××이 에××× 고×× ×유⋯.

　알아들을 수 없는 말, 소위 방언이라는 것이 원장의 입에서 흘러나왔다. 동시에 원장은 몸을 굽혀 자신의 손으로 환자 신도의 배를 가볍게 두들기고 쓰다듬고 주무르는 등 바쁘게 움직였다. 녹음기의 테이프도 돌아가기 시작했다. 내가 가져간 녹음기도 동시에 돌아갔다.

— 피, 수분, 산소, 영양, 비타민 C, E, A, 칼슘, 철분이 부족하다고 합니다. 혈액순환이 잘 안 되고 있다고 하네요. 속에 열이 많이 있습니다. 죽을 고비를 넘기면서 놀란 피도 다니고 있다고 합니다. 놀란 피가 다니고 있어서 굉장히 위험하다고 말씀하십니다. 심장 혈관 3개가 좁아져 있고요. 대장, 소장, 십이지장, 췌장 장 자체 기능은 괜찮으나, 가끔 췌장에 자극이 올 때가 있네요. 찌끼가 참 많이 끼어 있다고 합니다. 위장 자체 기능은 괜찮으나, 납, 금속품 방부제가 많이 붙어 있다고 합니다. 비장 쓸개는 괜찮네요. 간 자체 기능은 괜찮으나, 간에 황달이 많이 끼어 있고요. 간 분해가 가끔 안 되고 있고, 지방도 약간 많고, 늑막, 식도는 괜찮다고 합니다. 폐 자체 기능은 괜찮은데 저항력이 약합니다. 심장이 약한 편입니다. 혈관무력 증세도 약간 있네요. 산소공급

　　　　　　　　　　　　　　　　　　　　나는 교주다

이 제대로 안 되고 있어요. 폐가 심장을 가끔씩 칠 때가 있어서, 심장을 점점 더 약하게 만들고 있네요. 심장 쪽 혈관이 3군데 얇아져 있습니다. 폐에 부딪혀서 그렇다고 합니다. 기관, 후두 임파는 괜찮아요. 그러나 목에 가래가 가끔 끼는 것은 폐로 인하여 오는 것입니다. 어깨가 무겁고 목덜미가 뻐근한 것은 심장으로 오는 것이며, 속골이 무거워지고 뒷머리가 가끔 땡기는 것은 뇌에 산소 부족으로 인한 혈액순환이 안 돼서 그런 것….

'우와~' 원장은 그 환자 신도의 몸속의 상태를 꿰뚫어 보고 있는 듯 매우 상세하게 설명했다. 그에게 투시력이나 투과력이라는 게 있나? 마치 인체를 책상 위에 펼쳐놓고 보는 것처럼 말했다. 환자의 영양 상태, 혈관 상태, 각 내장 기관의 상태가 훤하게 원장의 입에서 드러나 보였다. 어떤 의사가 이 정도로 환자의 상태를 자세하게 말해 줄 수 있겠는가? 원장의 말을 들은 신도들은 무한 감동에 빠졌다. 자신의 몸속 상태에 대해 '시원하게' 말해주는 것에 크게 신뢰하는 듯 보였다.

원장의 말투에서 특이한 점이 발견됐다. '…라고 하네요', '…라고 합니다'는 등의 표현이다. 자신의 말이 아닌, 누군가가 그렇게 말을 해준다는 방식이다. 직통계시 형식이다. 원장에게 말해주는 그 누군가가 도대체 누구일까?

원장은 환자 신도의 몸속 상태를 진단한 이후에 곧바로 '신'을 언급했다. '신께서 그렇게 말씀하셨다'는 의미로 성경 구절 10여 개도 순식간에 입 밖으로 쏟아냈다.

―이사야 34장 16절, 마태복음 5장 18절, 마가복음 13장 31절, 요한복
음 4장 24절, 요한복음 1장 1절, 12절, 45절, 잠언 7장 1절에서 3절,
창세기 51장 10절, 잠언 3장 1절에서 10절, 시편 19편, 121편, 136편,
이사야 43장 21절, 시편 42편 8절, 시편 103편 1절에서 5절, 시편 107
편 20절, 신명기 32장 1절에서 3절, 요한복음 23장 11절, 신명기 30장
14절에서 15절.

원장은 환자 신도의 몸에서 손을 떼고 그를 다시 반듯하게 일으켜 세
웠다. 이후 치료 약에 해당되는 처방전을 내렸다.

―감자 1개, 가지 1개, 당근 반 개, 양배추 반 개, 케일 한 잎, 솔잎 약간,
이렇게 병원에 입원했다 생각하고 20~30일 동안 복용하세요. 한 끼
에 익힌 마늘 하나씩 복용하고 아침 점심 저녁으로 복식호흡을 30번
씩 하세요. 뇌신경, 척추, 관절도 30번씩 풀어 주어야 합니다. 폐와 심
장과 뇌신경을 활짝 열어주세요. 결명자, 영지, 매실, 생강, 대추, 옥수
수 수염, 양파껍질, 배, 하나, 돌미나리 뿌리, 이렇게 보리차처럼 끓여
서 다른 음료수는 일체 중단하고, 이것을 하루에 3~4컵씩 꾸준히 복
용하세요.

수십 가지의 식품 재료들을 나열했다. 물론 큰 시장에 가면 누구나 모
두 구할 수 있을 것들이다. 신도들은 이것을 약처럼 인식하고 복용해야
한다. 이것으로 원장의 안수 치료 행위는 끝났다. 그의 진단과 처방이 모
두 이루어졌다. 한 사람에게 걸린 시간은 대략 30분 정도다. 원장의 말은
모두 녹음테이프에 저장되었다. 신도가 나갈 때 그 테이프가 즉석에서 치

료받은 신도에게 건네준다. 어떠한 비용 청구도 없었다. 원장은 나를 의식했는지 "일체의 비용은 없습니다"라는 말도 빼놓지 않았다. 안수가 끝난 후 신도들은 원장에게 몇 번이고 감사의 표시를 했다. 신도들의 감사엔 진심이 보였다. 병원 의사도 못 하는 치료를 해준 은인을 향한 표현이다.

두 가지를 점검해봐야겠다는 생각이 들었다. 원장의 안수 행위가 진짜인가 하는 게 첫 번째다. 그다음은 안수 행위가 무료라고 하는 점도 살펴봐야 할 일이다.

먼저 후자의 경우, '무료'라는 것은 사실과 많이 차이가 있었다. 신도들은 안수 후 처방전이라는 것을 받는다. 이것은 수십 가지 재료를 필요로 한다. 재료들을 자신이 시장에 가서 직접 구해, 약처럼 만들어 복용할 수 있다. 그러나 대부분의 신도들은 그렇게 하지 않았다. 그 처방전을 약처럼 대신 조제해주는 곳이 따로 있었다. 신도들은 그곳을 이용하고, 또 이용해야 한다. 일종의 불문율이다. 처방전을 그 조제실로 보내면 며칠 후 직접 찾아가거나 배달로 받을 수 있다. 재료의 종류가 30개 이상과 이하로 가격에 차이가 난다고 했다.

하기야 복잡한 재료들을 모두 자신이 직접 구해서 약처럼 만드는 것도 쉬운 일은 아니다. 누군가 대신 해준다면 좋을 일이다. 그리고 조제해주는 곳에서도 좋은 일이다. 비용이 결코 적지 않았다. 여기서 이익이 발생할 여지가 커 보였다.

이제 원장의 안수 행위에 대한 문제다. 그것이 진짜인지 가짜인지를 분별하는 것은 쉽지 않았다. 아니 불가능해 보였다. 소위 신께서 자신에게 '어쩌고저쩌고'라고 말씀하셨다는 것의 진위를 다른 사람이 어떻게 구분해 낼 수 있겠는가?

'아, 어떻게 하지. 무엇인가 분명히 냄새는 나는데…'

사무실에 돌아와서 그 원장의 안수 행위를 촬영한 영상을 수십 번 되돌려 보았다. 내가 촬영한 것은 물론, 자료로 받은 것도 계속 살펴보았다. 그래도 특별한 답이 보이지 않았다. 원장이 신도의 배를 두들기고 주무르기도 한 것에 대한 강도의 차이는 있었다. 어떤 이는 매우 아프다며 꿈틀거린 것도 있었다. 어떤 도구를 사용한 게 아니기 때문에 불법의료행위라고 볼 수도 없었다. 앞서 살펴본 '무료'가 사실상 유료라는 점은 문제가 있었지만, 그것만으로 사이비 취급하기에는 부족해 보였다. 처방전 조제 수고비라고 말하면 그만이다. 해결책이 보이지 않았다. 그럼 문제가 없는 단체인가? 답은 없을까?

원장이 순식간에 말로 쏟아낸 여러 개의 성경 구절에 초점을 맞추어 보기로 했다. 각각의 성경 구절이 원장의 질병 치료와 관련된 것일까? 하나씩 찾아보기로 했다.

―진실로 너희에게 이르노니 천지가 없어지기 전에는 율법의 일점일획도 결코 없어지지 아니하고 다 이루리라(마태복음 5장 18절)

질병 치료와 직접적인 관련이 없어 보이는 성경 구절도 많았다. 그러나 그것도 얼마든지 빠져나갈 수가 있다. 직접적인 치료 구절이 아니지만, 치료하시는 신과 관련된 구절이라고 이유를 댄다면 할 말이 없다. 시간은 흘렀지만, 문제가 보이지 않았다. 이대로 중단해야 할까? 조금만 더 찾아보기로 했다. 그러던 중 박수를 치며 환호성을 지르는 순간이 왔다.

— 심봤다~!

찾아냈다. 마치 100년 묵은 산삼을 발견한 심마니처럼 소리를 질렀다. '심봤다'. 그 원장이 말한 성경 구절 부분에서 찾아낸 것이다. 성경 구절을 하나씩 하나씩 찾았던 내 노력이 헛되지는 않았다. 엄청나게 큰 월척을 발견해낸 것이다.

녹음된 원장의 음성에서 '창세기 51장 10절, 요한복음 23장 11절' 등의 성경 구절이 귓가에 들렸다. 내가 혹시 잘못 들었나 싶어 다시 듣고 또다시 들었다. 내 귀가 잘못된 게 아니다. 그대로 들렸다. '창세기 51장 10절'. 그게 무슨 문제인가? 아주 큰 문제가 된다. 창세기는 50장까지밖에 없다. 51장은 존재하지 않는다. 요한복음도 마찬가지다. 21장이 마지막 장이다. 23장은 존재하지 않는다. 바로 이것이 포인트다. '가짜 성경 구절'. 원장이 존재하지 않은 가짜 성경 구절을 말한 것이다. 그것도 신으로부터 받은 것이라고 하니, 그가 믿는다는 신도 문제가 된다. 혹시 단 한 번 실수한 것이 아닐까? 그렇다면 원장은 단순한 실수였다고 말할 것이다. 그것이 실수가 아님을 증명하기 위해서 또 다른 경우도 찾아봐야 했다.

원장이 건네준 또 다른 테이프도 확인해 보았다. 다른 신도의 치료 녹음테이프 서너 개를 더 얻어 온 게 있었다. 다행이었다. 그것을 다시 들었다. 역시…. 한 테이프당 2~3개씩 존재하지 않는 성경 구절들이 나타났다. 실수라고 변명할 만한 문제가 아니었다.

이게 어찌 된 일일까? 원장이 믿는다는 신이 원장의 입을 통해 성경 구절을 나열해주셨는데, 정작 그 성경 구절이 존재하지 않는다고 하니 도대체 이 일을 어떻게 이해할 수 있는가? 원장은 이 일을 무엇이라 해명할 수 있을까? 원장 자신의 실수라고 말할 수 있을까? 아니면 그가 섬긴다는 신의 잘못이라고 핑계를 댈까?

그 원장은 취재를 마친 후 헤어질 때까지 몇 번이고, 기사가 나가기 전 자신에게 미리 보여달라고 부탁을 했다. 자기 내용에 대해 궁금했을 것이다. 또한 자신이 원하지 않는 결과가 나올 경우 미리 대응을 하겠다는 의도로도 보였다. 이렇게 기사에 대해 민감한 반응을 보이는 이들은 기사를 내지 말라며 법적 대응을 운운하기도 한다. 기사가 매체를 통해 보도되기 전, 데스크(언론사 담당 상사)가 아닌 취재 당사자에게 미리 보여주는 일은 그래서 거의 없다. 그럴 필요도 없거니와, 그렇게 하면 데스크에게 심하게 꾸중을 듣기도 한다.

기사 작성이 생각보다 늦어지니, 원장으로부터 몇 차례 전화가 왔다. 이번엔 오히려 잘 된 셈이라고 판단했다. 가짜 성경 구절에 대해 원장의 반응이 궁금했다. 기사를 작성한 후에 그에게 보도 전 기사를 이메일로 보냈다. 그의 반응을 기다렸다. 그런데 하루가 지나도 연락이 없다. 전화를 했다. 갑자기 먹통이 되었다. 그렇게 나를 찾던 분이⋯. 처음엔 신도들 안수하느라 바쁜 모양이라 생각했다. 그다음 날에도 전화 연결이 안 됐다. 기사를 보도해야 할 시간이 훨씬 넘었다. 더 이상 기다릴 수가 없었

나는 교주다

다. 원장의 반응이 나오면 추후에 그 부분만 다시 보도하는 것으로 정하고 기사를 신문에 내보냈다.

수개월이 지났다. 바쁜 일정으로 '죽은 피' 사건을 잠시 잊고 있었다. 그 원장은 도대체 어떻게 된 것일까? 그것을 확인하러 대전까지 다시 내려가기는 좀 무리수였다. 대전 지인에게 연락을 취했다. 그 기도원을 확인해 달라고 했다. 가능하면 원장이 직접 나에게 전화 좀 달라는 부탁도 전했다. 다음 날 대전 지인으로부터 연락이 왔다.

'죽은 피 사업, 철수'

— 아냐, 나 혼자 충분해.

심장이 떨리는 취잿거리

'섹스교'를 취재했다. 그 현장을 방문해 교주를 직접 만나 인터뷰했다. 오랜 기간 사이비 교주를 취재해 온 내 입장에서도 '섹스교'는 그 이름만으로도 심장을 떨리게 하는 취잿거리였다. 무엇인가 호기심을 가득 불러일으키기도 했지만 사실 약간 두렵기도 했다. 그 단체 이름이 긴장감을 주기에 충분했다. 더욱이 그 현장을 직접 취재한다는 것은 마치 천기누설을 폭로하는 기분이기도 했다. 말로만 들어봤던 '섹스교'라는 단체는 도대체 어떤 곳일까? 문란한 성의 극치를 보여주는 현장일까? 아니면 또 다른 숨겨진 그 무엇이 있는 것일까? 나는 그곳을 취재할 수 있을까? 취재하다가 어떠한 봉변을 당하는 것은 아닐까? 추측이 꼬리에 꼬리를 물었다. '섹스교'라는 이름은 내가 붙인 게 아니다. 주최 측이 그렇게 부르는 이름이었다. '섹스교'의 실제 모습은 어떠한지, 강원도 한 산속에 자리한 그 단체를 직접 찾아가 봤다.

나는 교주다

'섹스교'를 알게 된 계기는 이렇다. 어느 날 서울 광화문에서 '섹스교'에 관한 세미나가 열렸다. 우연찮게 전단지를 보고 알게 되었다. 참석자가 너무 많았다. 시민들의 관심이 폭발했다. 뒷자리에 서 있을 공간조차 없었다. 도대체 이렇게 많은 사람은 무엇을 기대하고 온 것일까? 며칠 후 전단지에 기록된 연락처로 전화를 걸었다. 교주와 통화할 수 있었다.

— 섹스교에 대해 알고 싶습니다. 그곳을 방문할 수 있을까요?

— 좋습니다. 기다리고 있겠습니다.

나는 기자의 신분을 밝혔다. 대부분 사이비 교주를 취재할 때 잠입 취재를 하지만 몇 가지 경우는 기자 신분을 미리 밝힌다. 이번에는 나 자신의 안전을 위한 경우다. 섹스교 교주는 흔쾌히 방문을 허락했다. 오히려 환영한다는 태도다. 섹스교에서 방문 취재를 허락한다니 그것조차 이상했다. 아무튼, 취재 날짜를 잡고 그곳 주소를 받았다.

강원도 조용한 한 산골 마을 입구, 버스에서 내렸다. 알려준 방법대로 길을 따라갔다. 인근 산속으로 꼬불꼬불 걸어 올라갔다. 주변에 인가가 없었다. 오직 길 하나뿐이었다. 이때부터 긴장감이 조금씩 차오르기 시작했다. 오만가지 생각이 들었다.

'변태적인 성행위 장면이 펼쳐지면 어떻게 하지?', '취재는 제대로 할 수 있을까?', '나에게 이상한 것을 시키거나 요구한다면 또 어떻게 대처를 하지…'

취재 전날, 후배 기자가 "함께 갈까요?"라고 물었다. 사무실 내에서는 섹스교 현장취재가 위험할 수 있다고 판단했다. 사실 후배의 제안이 무척 고마웠다. 적잖은 위로가 되었다. "아냐, 나 혼자 충분해"라고 당당하게 말했던 것을 그때 그 산속을 걸어 올라가면서 조금 후회했다. 긴장감이 극에 달했다. 그냥 돌아갈까 하는 생각이 나를 계속해서 뒤로 잡아끌었다. 갈래길이 나왔다. 그 주변을 잘 기억하려고 했다. 만약 불미스러운 일이 발생해서 내가 도망 나와야 할 경우를 대비해서 길의 모양을 익히려 했다.

이런저런 잡념이 가득한 가운데 눈앞에서 넓은 평지가 나왔다. 맞은편에 제법 큰 집, 전통 한옥도 보였다. 아무도 없는 듯 조용했다. 여기가 어떤 곳이라고 알리는 입간판이나 어떤 안내 표시도 보이지 않았다. 그냥 평온한 산속의 큰 농가 주택일 뿐이었다. 이곳이 바로 그곳인가? 그렇다. 바로 그곳이다. 섹스교 현장.

— 계세요. ○○○ 교주님 계시나요?

— 누구세요~

내 목소리에 60대로 보이는 한 중년 남성이 방문을 열고 얼굴을 내밀었다. 그가 바로 섹스교 교주였다. 그는 평범한 농사꾼의 옷을 입었다. 체격도 그리 크지 않았다. 내 눈에는 그 교주의 체격이 먼저 들어왔다. 다소 안도의 한숨이 저절로 나왔다. 만약의 사태가 발생할 경우 어느 정도 반항을 할 수 있겠다는 마음이 들었다.

나는 전화했던 기자라고 말했다. 그 교주는 기자가 자신을 직접 찾아온 것에 대해 반갑다며 방문을 활짝 열고 나왔다. 나를 크게 환영해주었다. 나는 아직 긴장을 풀지 못했다. 이 교주의 본모습이 어떤 것인지 파악하지 못한 상태였다. 이곳이 섹스교 현장이라는 게 계속 나의 뇌리를 지배하고 있었다. 계속 불편했다.

— 먼길 오셨는데, 방 안으로 들어오세요.

교주가 자신의 방으로 들어오라고 했다. 힐끗 쳐다본 방 안의 모습은 여느 시골집 안방과 같았다. 안 들어갈 이유가 없지만, 왠지 주저주저했다. 햇살이 좋다는 이유를 대며, 신발을 벗지 않은 채 툇마루에 걸터앉았다. 그도 다시 툇마루로 나왔다. 그가 소리쳤다.

— 손님 왔어요.

— 네~

교주가 머리를 뒤로 돌리며 누군가를 부르는 듯 큰 소리로 말했다. 순간, 나는 움찔했다. 교주의 말 한마디, 행동 하나하나에 온통 신경이 쓰였다. '손님 왔다'는 교주의 신호는 무슨 의미일까? '네~'라는 여성의 대답은 또 무엇일까? 갑자기 섹스교 신도들이 손님을 맞이한다며 우루루 뛰어나오는 건 아닐까? 그들이 혹시 나체로 나와 나에게 달려들면 어떻게 하지? 섹스교에서 행하는 손님맞이란 또 무엇일까? 20~30초 사이에 잡념이 끊이질 않았다. 신발을 벗고 방 안으로 들어가지 않았던 것을 다행이라고 여기고 있었다.

'삐걱~' 하고 오래된 부엌 나무문이 열리는 소리가 났다. 한 중년 여인이 다과상을 들고 부엌에서 나왔다. 전형적인 시골 여인의 옷차림이었다. 머리에는 흰 수건을 둘러맸다. 섹스교 교주는 자신의 아내라고 소개했다.

— 먼 길 오시느라 고생 많았네요. 차 좀 드세요.

사실 섹스교 교주의 아내가 부엌문을 열고 나오는 순간 나는 자리에서 일어섰다. 여차하면 뒤로 도망갈 자세를 취했다. 그런데 여인 한 명이 다과상을 들고 종종걸음으로 다가오는 게 아닌가. 나는 순간 그 다과상을 받아 주는 행동을 취했다. 마치 처음부터 그렇게 하려고 일어났던 것처럼 움직였다. 그 여인은 '고맙습니다'라는 인사를 남기고 다시 부엌으로 들어갔다.

— 사실 섹스교라고 해서 많이 긴장하고 왔어요.

— 하하하…. 그랬군요. 혹시 이상한 곳은 아닐까 하는 걱정을 많이 하셨군요. 어쩐지 무엇인가 불편한 모습이었어요. 하하….

교주는 호탕하게 웃었다. 그때 '아빠~'하는 소리가 내 등 뒤에서 들려왔다. 초등학교 고학년으로 보이는 아이들 둘이 가방을 등에 멘 채 내가 왔던 오솔길에서 뛰어왔다. 그 아이들의 '엄마! 아빠!'라는 소리에 굳었던 마음이 사르르 녹는 듯했다. 해맑은 보통의 아이들이었다.

— 손님 오셨다. 인사해라.

— 안녕하세요.

아이들은 예의를 차리며 나에게 공손히 인사를 했다. 나도 반갑다며 손짓을 했다. 부엌에 있던 아내가 나와 아이들을 반갑게 맞았다.

'여기가 섹스교 현장이 맞나?'

전형적인 농촌의 목가적인 모습들이었다. 그것이 나의 머릿속을 혼동시켰다. 이게 뭘까? 내가 너무 심한 착각에 빠졌던 것일까? 선입견일까?

아니면 아직 드러나지 않은 그 무엇이 있다는 말인가?

─ 내가 섹스교라고 했던 것은 성 윤리 의식을 바로잡자고 한 말입니다. 참된 섹스, 올바른 섹스가 건강한 가정과 건강한 사회를 만든다는 것을 말하고 싶은 것입니다. 우리 모두는 참된 섹스를 해야만 합니다.

교주는 즉석에서 나에게 성교육 강연을 시작했다. 인간이 성을 잘못 사용하여 현대 사회가 타락하게 되었다며 몇 가지 사례를 들어 설명하기도 했다. 이런 망가진 지금의 사회를 똑바로 세울 수 있는 것은 올바른 섹스만이 가능하게 한다는 게 이 교주가 주장하는 바다. 그래서 자신이 섹스교를 창시했다고 말했다.

그의 강연이 귀에 잘 들어오지 않았다. 이런 성교육 강의를 들으려고 여기까지 온 것은 아닌데 말이다. 혼란스러운 내 머리가 아직 진정되지 않았다. 내가 생각해 왔던 섹스교의 모습과 교주가 말하는 섹스교의 내용이 달라도 너무 달랐다. 어쨌든 안도의 한숨이 길게 나왔다. 위험한 현장이 아니라는 것에 마음이 편안해졌다. 동시에 흥미가 반으로 '뚝~' 떨어졌다. 그는 강원도 지역에서 '올바른 가정 세우기' 등의 내용으로 학교나 공공기관 등에 일일 강사로 나간다고도 했다. 지난번 서울 모 기관에서 연락이 와, 광화문에서 강의까지 했다는 것이다.

─ 섹스교라는 이름이 너무 자극적이지 않을까요?

─ 네, 맞아요. 그러나 올바른 섹스가 가정과 사회를 건강하게 한다는 이론은 맞지 않습니까? 그래서 자연스럽게 섹스교라고 한 것이죠. 섹스교 외에 어떤 이름을 붙여야 할지 모르겠네요.

교주는 처음에 '올바른 가정 세우기 운동', '건강한 사회 만들기 운동' 등의 단체 이름도 생각했었다고 했다. 그러나 이름이 너무 싱거웠고, 자신이 추구하는 취지와도 맞지 않았다고 했다. 그는 섹스교라는 이름이 너무도 자연스러웠다고 주장했다.

교주는 매일 아침 집 바로 뒤에 있는 야산에 올라가 섹스교의 성장을 위해 기도한다고 했다. 내가 그 기도 장소를 보여달라고 했다. 교주는 그러자며 자리에서 일어났다. 집 바로 뒤로 올라가는 오솔길이 있었다. 10분 정도 올라가자, 나무숲 사이로 큰 바위 하나가 나타났다. 빼곡한 소나무들 사이에 제법 널찍한 모양의 큰 바위였다. 그 바위 건너편은 '뻥~' 뚫린 하늘밖에 없었다. 너무도 멋진 모습이 내 눈에 환하게 들어왔다. 말 그대로 절경이었다.

교주는 자신이 기도하는 장소가 바로 이곳 바위라며, 그 바위 끝자락에 앉았다. 그는 1년 365일 매일 이곳에서 기도한다고 했다. 눈이 오나, 비가 오나 변함이 없이 섹스교를 위해 기도한다고 했다. 교주는 올라온 김에 즉석에서 두 손을 모으고 잠시 기도했다. '찰칵, 찰칵' 내 사진기 셔터 소리가 평소보다 크게 들렸다. 교주는 아랑곳하지 않고 자신의 기도에 집중했다. 잠시 후, 교주의 기도 마지막 소리가 큰소리로 들렸다.

— 바울의 이름으로 기도합니다. 아멘.

그 교주의 마지막 기도 소리가 독특했다. '바울의 이름'으로 기도한다는 것이었다. 보통 기독교에서는 '예수님의 이름으로 기도합니다'라며 기도를 마친다. 그러나 교주의 기도 모습은 기독교 형태를 보였지만, 그 기도 내용이 너무도 달랐다.

— 바울의 이름으로 기도한다는 게 독특하네요?

— 네. 저는 바울의 이름으로 기도를 합니다. 일반 기독교와 조금 다릅니다. 성경을 보니 바울이 올바른 성에 대해 많은 말씀을 하셨어요. 그래서 저는 바울의 이름으로 기도하는 게 더 좋다고 생각했습니다. 그래서 저는 바울의 이름으로 기도합니다.

섹스교 교주는 자녀 교육을 매우 중요하게 여긴다. 자신의 자녀에 대해 애틋한 마음을 갖고 있다. 그의 늦은 나이에 얻은 귀한 자녀라고 했다. 자신과 같은 어른이 올바른 성 개념을 갖고 살아야 자녀들도 올바르게 살수 있다는 신념이 강하다. 섹스교 정신은 그래서 자신에게 중요한 것은 물론 자녀들의 인생에도 중요한 것이라고 강조했다. 올바른 성에 대한 개념을 실천함으로 가정과 사회가 건강하게 된다는 그의 철학을 듣고 있어도 계속해서 섹스교라는 이름엔 적응이 잘 되지 않았다.

기사 제목은 대체로 데스크가 정한다. 데스크는 취재 편집의 실무 총책임자를 말한다. 보통 부장급 직위자가 하게 된다. 기사 제목이 그만큼 중요하기 때문이다. 사람들은 무의식적으로 기사 제목을 보고, 이 기사를 읽을 것인지를 순간 결정한다. 데스크는 소위 '제목 장사'를 잘해야 한다. 기사 제목을 보고 독자들이 클릭해서 읽도록 유도해야 한다. 그렇다고 '제목'이 너무 과장되어서도 안 되고, 또 내용이 어떤 것이라고 기사를 읽지 않아도 알 수 있도록 해서도 안 된다. 예를 들면 '미스코리아 2등은 김

말숙, 1등은?' 뭐 이런 식의 제목이 흔한 예다. 미스코리아 1등이 누구인지 궁금하게 만드는 제목이다.

"섹스교 현장취재". 이 기사 제목은 내가 정했다(이 책에서만은 아니다. 책의 목차에 특정 단어가 사용될 경우 포털이나 서점 등에서 19세 미만 열람 및 판매 불가 판정이 내려질 가능성이 있다). 제목에 의미를 더 과장할 것도 없었다. 흥미롭게 꾸밀 것도 없었다. 섹스교라는 이름 자체만으로도 차고 넘칠 정도로 과하다. 있는 그대로의 제목이 '제목 장사'의 끝판왕이 될 것으로 보였다. 고민할 것도 없었다. '섹스교 현장취재'라는 제목 때문인지 다른 기사에 비해 클릭 수가 3~4배는 많았다.

종종 기사 제목이 흥미로워 클릭했는데 내용은 별것 없다며 소위 '낚였다'고 불편해하는 경우가 많다. 이번 섹스교 현장취재의 경우는 나도 취재에 있어서 낚인 셈이다. '섹스교'라는 이름 때문에….

— 안 보이는데요?

이왕 주실 거면 비싼 걸로 주세요

신비 체험은 언제나 사람들을 유혹한다. 무엇인가를 '봤다. 들었다. 느꼈다'는 등의 오감을 통한 신비스럽다는 경험을 통해 무엇인가의 희열을 사람들도 기대한다. 이곳저곳 단체를 옮겨가며 자신의 오감이 만족할 때까지 그러한 것들을 계속 추구한다.

그 신비 체험들, 어떤 것들이 있을까? 취재 중 만난 신비스럽다는 체험들을 한 자리에 정리해보았다. 입신入神의 쓰러짐을 통해 신을 직접 만난다는 현상, 구토를 통해 자신의 죄가 빠져나간다는 모습, 그리고 '아우~' 등 짐승 소리를 내거나 지나치게 깔깔거리는 웃음소리를 내는 게 신이 접촉하는 증거라는 사람들 그리고 자신의 치아가 금이빨로 변했다고 하거나 하늘에서 금가루가 내려온다고 하는 등 다양했다. 이러한 현상들에 대해 체험 주최 측에서는 모두 신이 임했을 때 나타난 모습들이라고 말했다. 신을 만나면 정말 위와 같은 비상식적인 현상들이 나타나는 것일까?

그 신비 체험이라는 것들을 조금 더 구체적으로 살펴보자. 3백여 명이 모이는 어느 집회에 참석했다. 1시간 정도 정기 집회가 끝난 후, 교주가 음악 소리를 조금 키웠다. 옆 사람의 목소리가 잘 들리지 않는 정도의 크기였다. 약간은 슬픈 곡조였다. 무엇인가 신비스러운 분위기를 연출하려는 듯했다. 왜 이런 분위기를 인공적으로 만들려고 하나?

교주는 집회 참석자들에게 눈을 감으라고 한다. 또 양쪽 손으로 참석자들끼리 서로서로 손을 잡으라고 시킨다. 남녀 구분이 없이 마구잡이로 서로 손을 잡게 했다. 이것을 위해 사람들은 서로 밀착됐다. 나도 양쪽으로 각각 이름도 모르는 사람의 손을 잡았다. 모든 사람이 한 줄로 연결됐다. 눈을 감은 사람들은 음악의 리듬에 맞춰 몸을 좌우로 조금씩 흔들고 있었다. 마치 무엇엔가 조금 취한 듯한 행동이었다. 이때 교주가 마이크에 입을 가까이 대고 중저음으로 말을 했다.

— 신께서 지금 우리와 함께하고 계십니다.

교주는 위의 말을 주문呪文처럼 반복해 읊었다. 그러자 눈을 감은 참석자들이 양쪽 사람의 손을 잡고 흔들거리며 신을 찾았다. 신비체험을 갈구한다는 게 더 정확할 듯했다. 이미 숙련된 신도들이 앞쪽에서 몸과 함께 양팔을 흔들거렸다. 모두 손을 잡고 있었기 때문에 잠시 후 그 현상이 파동처럼 나의 팔에도 전달됐다. 이내 대부분의 사람들이 눈을 감은 채 몸과 팔을 조금씩 흔들며 기도하는 듯 무엇인가 중얼거리기 시작했다. 교주는 계속해서 '신께서 지금 우리와 함께하고 계십니다'라며 동일한 소리를 내뱉었다. 이때 앞쪽에서 이상한 소리가 들리기 시작했다.

'욱~ 욱~'

'웩~ 웩~'

나는 눈을 크게 뜨고 소리가 들리는 앞쪽을 쳐다봤다. 누군가 구토하는 소리였다. 나처럼 눈을 뜨고 그 현상을 보는 이들도 있지만, 대부분의 참석자들은 대수롭지 않다는 듯 눈을 감고 몸과 팔을 흔들며 하던 행동을 계속했다. 구토하는 신도는 실제로 옆에 있던 휴지로 무엇인가 뱉어내고 있었다. 사람들이 그에게 달려가 '괜찮은가, 왜 그러느냐, 어디 아프냐' 등으로 달래거나 걱정해주지 않았다. 그냥 그대로 구토하도록 내버려 두었다.

앞쪽에 있던 한 사람으로 시작된 구토 현상이 곧 한두 명으로, 서너 명으로 계속 늘었다. 헛구역질 소리와 함께 그것으로 인한 몸과 팔의 움직임이 서로 잡은 손을 통해 나에게까지 빠르게 전달되었다. 마치 전기에 감전이라도 된 듯했다. 곧바로 내 주변 몇몇 사람도 동일한 헛구역질을 하기 시작했다. 집회장 곳곳에 많은 곽휴지, 두루마리 휴지가 놓여 있던 게 바로 이것 때문에 준비되었다는 사실을 그때 알았다.

그들은 실제로 이전에 섭취했던 음식을 토해내는 구토는 아니었다. 그들은 구토 형식을 취하며 가래와 침을 뱉었다. 헛구역질과 같았다. 구토 행위를 하는 신도들은 계속 자신들의 신을 찾았다. 시간이 갈수록 음악 소리는 조금씩 더 커졌다. 헛구역질을 하며 침과 가래를 마구 뱉어내는 신도들 사이에서 나도 비위가 상해지는 듯한 느낌을 받았다. 취재가 아니라 누군가의 소개를 받아 참석하거나, 신비 체험을 갈구하는 입장이라면 자연스럽게 헛구역질 행위를 따라할 것 같았다.

왜 그들은 헛구역질을 하며 가래와 침을 뱉을까? 집회가 끝난 후 주변 신도들에게 물어봤다.

—몸 안에 있는 죄가 빠져나가는 것이에요.

—우리의 죄가 가래와 침으로 나간다고요?

—네. 신이 임재하면 그렇게 돼요.

—헛구역질을 계속하고, 안수도 여러 사람에게서 여러 번 받던데 왜 그런가요?

—그것은 우리의 자아를 죽이려는 거에요.

—자아요? 우리의 자아가 죽었다가 살아나기 때문인가요?

—그래요. 잘 안 죽어요.

집회를 인도하는 교주와 몇몇 관계자들은 헛구역질을 하는 신도들을 찾아가 머리와 어깨 등에 자신의 손을 얹고 소위 '안수'를 해주었다. 안수를 받은 일부 신도들은 자리에서 누워버렸다. 소위 입신했다는 것이다. 직원으로 보이는 몇 사람은 치마를 입고 쓰러져 누운 신도들을 찾아가 작은 담요를 덮어주었다. 쓰러진 이들은 시간이 갈수록 늘었다. 그들은 더 이상 헛구역질을 하지 않았다. 그러나 몸을 부들부들 떨거나, 팔다리를 마구 흔드는 등 평상시 볼 수 없는 괴이한 행동을 하기 시작했다. 몇 사람은 '까르르깔깔, 아~ 하하하….' 거리며 주체할 수 없는 이상한 웃음소리를 냈다. 또 어떤 이는 '꺄오~, 워우~' 등 마치 늑대나 여우 등 알 수 없

나는 교주다

는 야생 동물 소리를 내기도 했다. 집회장은 순식간에 통제 불능, 난장판의 상태가 되었다. 참석자들은 이러한 현상을 신의 임재 또는 자아가 죽은 것 등이라고 설명했다.

나는 눈을 감고 몸을 약간씩 흔들며 가만히 서 있었다. 교주가 나에게까지 왔다. 다른 사람에게 하듯 내 머리에 손을 얹고 안수를 했다. 내가 가만히 서 있자, 그의 손이 약간 나를 찍어누르는 듯했다. 그 힘에 따라 자리에 앉았다. 예의는 보여주어야 할 것 같았다.

교주가 단상에 올라가 '땡땡땡' 종을 울렸다. 그러자 1시간 정도 지속된 난장판 같은 집회 모습이 한순간에 정리가 됐다. 교주가 다시 마이크를 잡고 노래를 시작했다. 그러자 그것을 신호로 드러누워 노래하고, 소리 지르고, 동물 소리를 내거나 깔깔거리며 웃는 등 이상한 모습을 보였던 신도들이 '언제 그랬냐'는 듯 자리에서 일어나 정렬하며 그 노래를 따라 불렀다. 신도들의 얼굴은 환하게 밝았다. 무엇인가 만족한 듯한 표정이다. 힘들었는지 땀을 닦는 이들도 있었다. 주변의 가래와 침을 닦은 휴지들도 깔끔하게 치웠다.

이것으로 신비 체험이 끝난 게 아니었다. 또 다른 게 계속됐다. 교주는 음악 소리를 다시 높였다. 집회장 오른쪽에 있는 신도들부터 한 줄로 서서 교주가 있는 단상 앞을 지나갔다. 교주는 자신 앞으로 지나가는 신도들의 머리를 자신의 손으로 '툭, 툭' 쳤다. 그것도 안수라고 불렀다. 안수 시간은 한 사람당 0.5초 내외에 불과하다. 모든 신도가 이런 식으로 교주의 안수를 받는 데 걸리는 시간은 20분이면 충분했다. 안수를 다 마친 후 교주는 신의 영靈이 임했다고 선언했다.

─신의 영이 오늘 이 시간에, 우리에게 임했습니다.

　　교주는 다시 위의 말을 연속에서 중얼거렸다. 역시 주문을 반복해 읊었다. 이곳에서 교주의 말은 곧 법이다. 생명이라고 해도 과언이 아닐 듯한 분위기다. 교주의 말을 의심하는 자는 그곳에서 죄인 취급을 받을 수 있다. 모두 의심 없이 교주의 말을 따라야 한다. 참석한 신도들도 교주의 말을 따라 반복적으로 주문을 읊었다. 교주가 계속 중얼거리는 이때 집회장 조명이 반으로 줄어들었다. 집회장은 더욱 야릇한 분위기로 변했다. 이것은 또 무슨 상황인가? 이 집회에 처음 참석한 나에게는 정말 황당함의 연속이었다. 잠시 후 곳곳에서 신도들의 희한한 고백이 나왔다.

─지금 하늘에서 금가루가 내려오고 있습니다.

─저도 보입니다.

─저도요….

　　신도들은 환상이 아니라 진짜 금가루가 내려온다며 신비롭다고 했다. 박수치며 기뻐하는 이들도 있었다. 손바닥에 금가루가 내려앉았다며 주변 사람들에게 손을 내밀기도 했다. 자신의 손바닥에 반짝거리는 게 보이지 않느냐며 흥분했다. 내가 그 손바닥을 보았다. 반짝거리는 무엇이 있다고 생각하고 보면 그렇게 보이는 듯하기도 했다.

　　순간, 전에 어느 사이비 교주를 취재할 때의 사건이 생각났다. 그 교주는 나와 인터뷰를 하면서 자신의 방에 하늘의 기운이 단비처럼 내린다고 주장했다. 나는 아무것도 볼 수도, 느낄 수도 없다고 말했다. 그러자 그는 내가 볼 수 있도록 해주겠다고 자신 있게 말했다. 하늘의 기운이라는 것을 내 육신의 눈으로 직접 볼 수 있다는 것이다. 그것을 통해 자신이 믿고 또 섬기고 있는 신의 존재를 증명해주겠다는 것이다. 나도 그것을 체험하고 싶다고 동의했다. 그는 나에게 자신의 방의 특정 공간을 쳐다보라고 했다. 그곳은 진한 색 커튼이 설치되어 있었다. 교주는 그 커튼을 편안한 자세로 앉아 응시하라고 했다. 나는 그가 요구하는 대로 따라했다.

— 저 커튼을 집중해서 쳐다보세요. 눈의 초점을 약간 '맹~'하게 하세요.

— 네. 맹~

— 그렇게 하고 가만히 보세요. 희끗희끗한 무엇이 위에서 아래로 내려오는 게 보일 거예요. 그게 천천히, 천천히 내려올 것입니다. 천천히, 천천히…. 그렇죠?

— ….

— 자, 보입니까? 보이죠?

— 안 보이는데요?

그는 짜증을 냈다. 왜 안 보이냐고 다그쳤다. 내가 세상에 너무 찌들어 있어서 보이지 않는다는 등 나에게 핑계를 댔다.

— 하하….

그가 무엇을 의도하려고 하는지 알았다. 한 마디로 착시 현상이다. 교주를 신뢰하는 맹신도들이라면 그렇게 보일 수 있다. 희끗희끗한 무엇이 위에서 아래로 내려온다고 생각하면 그렇게 보인다. 반대로 아래에서 위로 올라간다고 해도 마찬가지다. 왼쪽에서 오른쪽으로 움직인다고 해도 동일하다. 생각하고 싶은 대로 그렇게 보이게 된다. 만약 신도들이 안 보인다고 말하면 어떻게 될까? 교주에게 야단맞는다. 하하.

금가루도 위와 다르지 않은 논리다. 금가루가 내려온다고 믿고 보면 그렇게 보인다. 금가루가 아니라 은가루라고 해도 그대로다. 더 값비싼 다이아몬드 가루라고 한들 그렇게 안 보이겠는가?

금가루를 보았다는 신도 중 몇 명이 또다시 탄성을 질렀다. 자신의 아말감 치아가 금니로 바뀌었다는 것이다. 주변의 신도들이 '어디~ 어디' 하며 그 사람의 치아를 보려고 했다. 그것을 확인한다고 했던 신도 중 일부가 진짜 금으로 바뀌었다며 놀란 듯 소리를 지르기도 했다. 금가루로 흥분해 있던 신도들은 '금이빨' 현상에 다시 환호성을 지르며 박수를 쳤다. 이때 교주는 자신들의 신이 지금 자신들과 함께하고 있다는 증거라며 분위기를 더욱 띄웠다. 집회장은 열광의 도가니로 변했다.

그 신도는 집회 중 자신의 치아가 금으로 바뀌었다고 어떻게 알았을까? 갑자기 '징~' 하며 치아에서 또는 뇌로 신호가 온 것일까? 주최 측은 치아 자체가 금으로 바뀐 게 아니라 치료를 위해 덧씌운 아말감이 금으로 바뀐 것이라고 주장했다. 진짜일까?

치의학에서는 은, 구리, 인듐, 주석, 아연과 같은 금속과 수은의 합금인 아말감을 사용한다. 아말감은 가격이 저렴하고, 충전재로 사용 시 부드러운 상태로 유지되다가 공간을 채운 후 딱딱하게 굳는 특성이 있고,

나는 교주다

훨씬 더 긴 수명을 가지기에 오랫동안 사용되었다. 하지만 최근에는 합성 수지의 개발로 아말감을 잘 사용하지 않는다.

아말감 종류는 많다. 재료 성분에 따라 금색이나 은색으로 보일 수도 있다. '금이빨' 소문이 돌자, 신도들이 너도나도 갑자기 손거울을 꺼내 자신의 치아를 확인하는 촌극이 벌어지기도 했다. 이런 식의 소위 '금이빨, 금가루' 쇼는 한때 여기저기서 유행했다. 그것이 신의 임재 증거라고 했다. 정말 '금이빨, 금가루'라는 현상이 진짜라고 한들, 그것이 그들의 신의 존재, 또는 신의 임재를 증명하는 것일까? 그들의 쇼를 보며 이런 유치한 생각이 들기도 했다.

'금손톱, 금발톱, 금머리카락이면 더욱 좋지 않았을까? 그것을 잘라서 팔면 수익도 괜찮을 텐데…'

— 그 양반은 가짜 신이고 내가 진짜 재림예수야.

교주 어벤저스

사이비 종교 취재 기사로서 이런저런 교주들을 참 많이 만나봤다. 새바람을 일으킨다는 용풍교주, 암행어사의 길을 가야 한다는 암행어사교주, 예수신을 믿어야 한다며 특별한 불상을 차려놓은 R교주, 자신이 재림예수라는 Y교주 등이다. 이 교주들은 모두 자신들은 특별한 존재라고 말한다. 또한 한결같이 인류를 위해 자신이 부름을 받았다고 말하고 있다. 그 교주들을 한 자리에 모아 보았다.

* * *

— 나는 용풍교주입니다. 용풍이라는 말은 새바람을 일으킨다는 뜻입니다. 1998년 9월 9일 세상은 변하게 됩니다. 새바람이 일어납니다. 보통 인간들이 다스리는 세상은 이제 끝납니다. 용풍이 다스리는 새로운

세상이 오게 됩니다. 이것을 믿으셔야 합니다.

자기 자신을 '용풍교주'라고 부르는 이가 있다. 경기도 한 지역에서 활동하고 있는 50대 후반의 교주다. 그를 만났다. 그가 '용풍' 즉, 새바람을 일으킨다며 하고 싶은 말은 크게 2가지다. 바로 시한부 종말론(날짜를 특정하여 종말이 온다는 설)과 자신이 세상을 다스리는 특별한 존재라는 것 등이다.

용풍교주는 어떻게 '1998년 종말설'을 주장하게 되었을까? 그의 원리는 너무도 간단하다. 1998년 9월이 되면 자신이 한자 공부를 시작한 지 딱 10년이 되는 때이기 때문이라고 한다. 그는 '10년이면 강산도 변한다'라는 속담을 언급했다. 그는 그 속담을 액면 그대로, 또 자기중심적으로 믿고 있었다. 자신의 어떠한 결단(한자 공부)을 계기로 10년이 되면 세상이 변하게 된다는 것이다. 그는 어려서 가정형편 문제로 초등학교만을 다녔다고 했다. 따라서 '10년 공부'라는 게 그에게는 특별한 의미로 다가왔던 것으로 보인다.

용풍교주는 자신이 독특한 존재라고 믿고 있다. 자신을 통해 인류 구원의 길이 열린다고 주장했다. 그는 1986년에 '영생의 길을 발견했다'며 '○○연구소'라는 단체까지 설립하기도 했다. 나름대로 적극적으로 활동을 하기도 했다.

— 우리 인류가 구원을 받기 위해서는 성경풀이와 한자풀이를 잘해야 합니다.

그는 신으로부터 구원을 받기 위해서는 성경과 한자를 잘 공부해야 한다고 한다. 자신이 그 길을 열어주겠다고 했다. 용풍교주의 성경풀이와 한자풀이는 어떤 것일까? 그에게 예를 들어달라고 했다.

— 먼저 성경을 봅시다. 여기 히브리서 1장 2절이 있습니다.

그는 성경을 가지고 왔다. 히브리서 1장 2절을 펼치고 그 구절을 읽었다. 이후 그는 그 성경 구절에 대해 희한한 주장을 했다. 그 성경 구절 중 "이 모든 날 마지막에는 아들을 통하여라"는 대목에서 '아들'이라는 단어를 '용풍'이라고 읽어야 한다고 한 것이다. 그 '아들'이라는 단어는 '예수'로 이해하는 게 일반적이다. 그러나 그는 자신의 이름을 성경 속에 끼워 넣는 식으로 읽고 해석해야 올바른 성경해석이라고 주장하고 있었다.

여기에 그의 특별한 한자풀이가 덧붙여진다. 그는 어느 한자이든 부수를 쪼개어 의미를 부여한다. 예를 들어 열 십+ 자는 사람을 의미하며, 나무 목木자는 동쪽을 뜻하고 귀 이耳 자는 여성의 자궁을 가리킨다는 식이다. 한자 공부 10년을 했다고 하니, 우리가 모르는 한자 부수에 깊은 뜻이 있는 게 아닐까? 그가 말한 열십자, 나무목자, 귀이자 등을 큰 한자 사전을 활용해 하나씩 찾아봤다. 그러나 용풍교주가 말한 의미는 나오지 않았다. 그 비슷한 내용도 발견되지 않았다.

그가 주장하는 1998년 9월 종말설(시한부 종말론), 히브리서 1장 2절 등의 성경풀이, 열십자 등 한자풀이 등은 '용풍'이 아니라 '허풍'으로 보일 수밖에 없다. 그는 이러한 자신의 주장으로 인해 아내와 자식들로부터 떨어져 혼자 살고 있다고 했다. 이런 교주가 참 안쓰럽게 보였다.

* * *

소위 암행어사 교주가 있다. 그는 《천국소리》라는 책을 발행하기도 했다. 자신을 암행어사라고 주장했다. 그는 자신의 역할이 신의 길을 예비하기 위한 것이라고 말한다. 암행어사는 '조선시대 국왕 직속 임시 관리 부사로 지방에 파견되어 지방관의 감찰과 백성의 사정을 조사하는 일을 비밀리에 수행하는 자'를 말한다. 이 교주는 사극을 많이 시청한 모양이다.

"나는 선지자다. 하나님의 길을 예비하는 암행어사의 길을 가는 게 나의 사명이다."

충청북도 한 지역에 위치한 암행어사 교주를 직접 찾아가 보았다. 시골의 한 작은 마을에 제법 규모 있는 건물까지 갖췄다. 지역에서 나름대로 꽤 알려진 모양이다. 암행어사 교주는 기자라고 밝힌 나를 반갑게 맞았다. 자신의 행태에 대해 소문나는 것이 자신 있다는 뜻으로 보였다.

암행어사 교주와 대화를 시작하자 그의 특징이 어렵지 않게 파악됐다. 교주들의 흔한 모습이었다. 그는 소위 직통계시를 통한 '천국 방언', '천국 글씨' 등이 자신의 능력이라고 설명했다. 그에게 직설적인 질문을 던졌다.

— 스스로 암행어사라고 주장했는데 맞습니까?

— 음…. 그럴지도 모른다는 말입니다.

— 네? 그것은 무슨 뜻인지….

교주는 내 질문에 잠시 주저주저하면서 '그럴지도 모른다'는 말로 한

발 뒤로 뺐다. 기대했던 답이 아니었다. 나도 약간 당황했다. 교주는 자신의 책에서 <u>스스로</u>를 암행어사라며, 신의 길을 예비하는 자로 설명한 바 있다. 따라서 당연히 '암행어사가 맞다'는 답이 나올 것으로 예상했다. 그러면 암행어사라는 근거와 역할 등에 대한 질문을 염두에 두고 있었다. 그런데 '그럴지도 모른다'라고 말하니 분위기가 반전됐다.

— 암행어사는 물을 피로 바꿀 수 있어야 하는데, 나는 아직 거기까지 가지 못했기 때문입니다.

무슨 엉뚱한 소리인가? 그 교주의 논리에 의하면, 물을 피로 바꿀 수 있는 능력이 있어야 진짜 암행어사라는 말이다. 하지만 자신은 여러 차례 물에게 피로 바꾸라는 명령을 했지만 이루어지지 않았다고 했다. 그래서 암행어사의 역할을 하기는 하지만, 완전한 암행어사는 아니라고 고백한 것이다. '아~' 순간 웃음이 터져나올 뻔했다. 취재 현장에서 이런 말을 들을 때마다 튀어나오는 웃음을 참는 것도 쉬운 일이 아니다. 크게 웃었다가는 더 이상 취재를 못 할 수도 있다. 진지하게 안타까운 심정이라는 표정을 띄워야 한다. 그런데 그 상황에서는 그것도 어려웠다.

암행어사 교주는 자신이 낸 책들을 자랑했다. 그는 10여 권의 책을 가지고 나왔다. 《천국소리》와 함께 《나팔의 비밀》, 《나팔의 신비》 등이다. 그중 《나팔나팔》이라는 희한한 제목의 책도 발견됐다. 그는 대부분 자신이 신으로부터 직통계시를 받은 내용과 그 해설이라고 했다. 그는 이러한 책을 통해 미국 한 신학교에서 석사학위와 박사학위까지 받았다고 자랑했다. 그것도 단 1년 만에 그 학위를 모두 받았다는 것이다. 마치 장원급

제한 암행어사의 마패처럼 그는 선지자의 증거로 학위를 내세웠다. 1년 만에 석박사 학위를 받았다는 것부터 사실 말이 안 되는 것이었다. 이렇게 학위를 운운하는 교주를 만날 때마다 나는 다음과 같이 묻곤 한다.

—박사 논문 한번 볼 수 있을까요?

논문을 보여달라고 요구하자, 암행어사 교주는 갑자기 헛기침을 여러 차례 했다. 갑자기 사레라도 들린 모양이다. 하하. 일반적으로 정말 석박사 학위를 가진 이들은 대화 중 논문에 관심을 기울이면 매우 좋아한다. 자신의 논문의 내용으로 밤새워 대화할 자세를 취한다. 그러나 지금 암행어사 교주는 숨을 구멍을 찾는 중이다. 그에게 질문을 더 던졌다.

—석박사 학위를 정상적으로 받은 것, 맞나요?

—우엑, 콜록, 콜록….

교주는 갑자기 자신이 천국의 글씨를 보여주겠다며 백지 노트를 가져왔다. 대화의 방향을 전환해보겠다는 의도다. 자신은 9가지 능력을 하늘로부터 받았다며 그중 하나가 바로 천국 글씨를 쓰는 것이라고 했다. 그는 백지 노트에 알 수 없는 무엇인가를 흘겨 썼다. 그림인지 글씨인지 마치 누군가가 사인한 것을 여러 개 붙여 놓은 것과 같았다. 한 페이지를 가득 채웠다.

—현재 천국에서 사용하고 있는 글씨입니다.

—아, 이게 무슨 뜻인가요?

—네, 뜻은 이렇습니다. '사랑하는 자들아 믿음을 가지라. 의심을 버리라. 두려워하지 말고….'

교주의 천국 글씨라는 것에 대한 해석이 장황했다. 교주는 나의 직설적인 질문들에 대해 심기가 꽤 불편했던 모양이다. '믿음을 가져라, 의심을 버려라' 등 신이 했다는 말을 빌어 지금의 상황을 정리하고 싶은 것으로 보인다. 많은 이들이 신께서 직접 말씀하셨다는 지금과 같은 상황에서 반항을 하지 못한다. 행여 신으로부터 화를 당할지도 모른다는 불안 때문이다. 교주는 이것을 나에게 적절하게 이용하고 있다.

천국 방언, 천국 글씨 등을 점검하는 것도 어렵지 않다. 나는 시간이 조금 지난 후 교주에게 조금 전 천국 글씨라고 한 것에 대해 다시 한번 해석해 달라고 부탁했다. 교주는 자신의 천국 글씨라는 게 현재 천국에서 사용하고 있는 글씨라고 한 바 있다. 그러면 어떠한 시간이 지나도 그 글씨를 정확하게 읽고 해석해주는 게 당연한 것 아닌가. 교주의 답은 이랬다.

—아, 네…. 제가 기억력이 좋지 못해서….

—네? 아니…. 아하하하….

나는 결국 참지 못하고 웃음을 터뜨리고 말았다. 암행어사 교주 옆에서 조용히 있던 한 중년 신사가 보다 못했는지 끼어들었다. 그는 인천에서 온 추종자라고 자신을 소개했다. 그는 '이분(암행어사 교주)은 하나님이 특별히 사용하시는 종이 맞다'며 '계시라는 것을 알면 이분을 받아들일 수 있는데, 그 계시를 모르기 때문에 오해를 하는 것'이라고 했다. 그는 사람들이 무지해서 암행어사 교주를 몰라보는 것이라고 했다.

암행어사 교주를 따르는 이들은 약 40명이다. 이런 추종자들이 존재하는 이상 사이비 교주는 줄어들거나 결코 없어지지 않는다.

R교주는 '예수신을 모시기 위해 불상을 차린다'는 희한한 주장을 했다. 기독교와 불교를 혼합한다는 이해할 수 없는 모습이다. 이런 R교주의 모습은 그가 일간 신문에 광고를 내면서부터 알려졌다.

'예수님의 계시 말씀. 온갖 불치의 병으로 고생하시는 분들, 놀라운 기적을 보여주십니다'

위와 같은 신문 광고가 눈에 들어왔다. 정상적인 기독교 관련 광고가 아닐 것이라는 생각이 들어 확인해보기로 했다. 우리가 신문 하단 광고면을 자세히 보면 이런 류의 광고를 적지 않게 만날 수 있다. 과거나 지금이나 마찬가지다.

R교주를 만났다. 서울 노원구에 있는 그의 집(아파트)에서다. 그는 나를 만나자마자 대뜸 '기도원을 세우는 게 목표다'라고 말한다. 그는 '그것은 예수신이 원하는 일'이기 때문이라고 했다. 그는 자신의 집에는 두 개의 방이 따로 있다고 강조했다. 하나의 방에서는 벽에 커다란 십자가가 걸려 있고 그 바로 아래 작은 상에 성경책과 찬송가가 놓여 있다고 했다. 바로 옆에 있는 또 다른 방엔 금빛이 나는 커다란 불상과 각종 장식물들이 화려하게 진열되어 있다고 했다. 직접 확인해보니 그대로였다. 도대체 이게 무엇을 말하는가? '예수신'이라고 했을 때부터 무엇인가 이상하긴 했었다.

— 나는 기도원을 설립하기 위해 불상을 차려놓고 사람들이 원하는 점을

칠 것입니다. 1～3년 정도 그렇게 해서 돈을 먼저 벌어야 합니다. 이
모든 것은 예수신이 원하는 일입니다.

R교주의 말에 의하면 '예수신'을 위한 기도원을 설립해야 하고, 또 그 기
도원을 설립하기 위해서는 돈을 벌어야 하고, 또 그 돈을 벌기 위해 불교
의 불상을 이용한 점 치는 행위를 한다는 것이다. 도대체 이게 말이 되는
소리인가? R교주는 기독교의 사이비 교주인가 아니면 불교의 사이비 교
주인가?

참고로 R교주가 낸 신문 광고의 광고료는 1회에 당시 3백만 원이었다.
R교주는 신문 광고의 효과가 좋다고 말했다. 전화 문의가 꽤 많았다고 했
다. 문의자 80퍼센트는 기독교인이었다고 했다.

─사람들은 앞날의 일들을 미리 알고 싶어해요. 기독교인이건 아니건 마
  찬가지지요. 나는 그들을 위해 불교식 점을 쳐줍니다.

이곳을 찾아온 손님들이 십자가가 걸려 있는 기독교 방을 원하면 그곳
에서 점을 쳐주고, 불상이 있는 불교 방을 원하는 사람이면 그 방에서 점
을 봐준다고 했다. 그 교주는 찾아온 손님들 앞에서 불상의 색깔이 여러
가지로 변하게 할 수 있다고 했다. 그것은 '예수신'의 도움이라고도 했다.
그는 자신의 손가락을 손님의 몸에 대기만 하면 점괘가 나온다고 했다.
그는 즉석에서 나의 점도 봐주겠다고도 했다. 곧바로 자신의 손가락을 내
무릎 위에 올려놓았다. 갑자기 '훅～' 들어오는 바람에 깜짝 놀라기도 했
다. 그는 2～3초 눈을 감고 고개를 흔들며 무엇이라고 혼잣말로 중얼거

렸다. 이윽고 눈을 뜨고 나를 바라보며 말했다.

— 열심히 하면 원하는 대로 된다고 합니다.

— 네…?

R교주의 점괘라는 내용을 듣고 웃음이 밖으로 터져 나올 뻔했다. 그런 말은 누구나 얼마든지 할 수 있는 수준 아닌가? '물가에 가지 마라. 물에 빠질 위험이 있다', '산에 오르지 마라. 떨어질 위험이 있다', '앞만 보고 최선을 다하면 합격할 수 있다'.

R교주는 신도 한 명을 불렀다. 그러자 또 다른 방에서 신도 한 명이 나왔다. 그 방에 신도 2~3명이 있었던 것으로 보였다. 교주는 그 신도에게 특별한 노트 한 권을 가지고 오라고 했다. 교주는 자신이 받았다는 직통 계시를 그때그때마다 기록해 놓은 게 있다고 했다. 그것을 나에게 보여주겠다는 것이다.

'나는 예수다'

교주는 하나의 노트를 펼쳤다. 그곳에 '나는 예수다'라는 문장이 크게 적혀 있었다. 교주는 자신이 비몽사몽 중에 신으로부터 받은 문장이라고 했다. 그 옆 페이지에는 사람 얼굴이 펜으로 그려져 있었다. 교주는 환상 중에 본 '예수신'의 진짜 얼굴이라며 자신이 그렸다고 했다. 그 모습은 이목구비가 뚜렷한 전형적인 서양인의 얼굴에 금발의 긴 머리가 어깨까지 늘어진 형태였다. 시중에서 흔히 볼 수 있는 서양인 형태의 예수 상상도와 비슷했다. 그 노트를 몇 페이지 넘겼다. 여러 문장에 적혀 있었다. 그 중 하나가 내 눈에 들어왔다.

— 나 예수는 R교주의 몸을 빌어 이미 재림하였느니라. R교주를 보고 예
    수 이름을 부르면 그냥 그대로 역사하느니라….

　이 대목을 내가 읽자, R교주는 황급히 자신의 손으로 그 부분을 가리
려 했다. '별 내용이 아니다'며 계면쩍게 웃기도 했다. 자신이 받은 계시
를 조수 역할을 하는 신도가 받아 적은 것이라며 애써 감추려 했다. 재미
있는 대목이 또다시 눈에 들어왔다. 그것은 '성경을 읽지 말라'는 내용이
었다. '예수신'이라는 이가 R교주에게 성경을 읽지 말라고 요구했다는
말이다. 이것에 대해 R교주의 해명이 더욱 황당했다.

— '예수신'께서 나에게 성경을 보지 못하게 한 것은 맞아요. 내가 성경을
    보면 자꾸 잔머리를 쓰기 때문이에요. 그래서 나는 성경을 더 이상 읽
    지 않습니다.

　도대체 R교주가 섬긴다는 '예수신'이란 어떤 존재인가? 정상적인 기
독교의 '예수'를 의미하는 게 맞는가? 아니면 이름만 흉내낸 또 다른 사
이비 신에 불과한가?

　R교주는 신문 광고 효과가 꽤 괜찮다고 판단했는지 계속 그 광고로
자신을 홍보할 생각이라고 했다. 우리가 주의해야 할 일이 하나 더 발생
했다.

* * *

자신을 신, 또는 신적인 존재라고 주장하는 이들이 참 많다. 그들은 자신

　　　　　　　　　　　　　　　　　　　　　나는 교주다

을 재림예수, 선지자, 구세주 등이라고 부른다. 기독교적인 배경을 이용하는 경우가 많다. 그들 중 누가 진짜 신과 비슷할까? 할 수만 있다면 그들을 모두 한자리에 모아 '누가 진짜 신과 비슷한가' 등의 주제로 경연 대회 같은 것을 하면 정말 재미있을 것 같다.

Y교주는 '내가 진짜 재림예수다'라고 주장한다. 그를 만나 그의 이야기를 들어봤다. 그는 자신이 진짜 재림예수임을 증명해 달라는 요구에 이렇게 말했다.

— 성경의 예수님이 무학인 것처럼 나도 무학입니다. 그리고 예수님이 율법학자와 바리새인들을 가르쳤던 것처럼, 나도 나보다 유식한 사람들을 가르치고 있습니다. 그래서 내가 진짜 재림예수인 것입니다.

— ….

Y교주의 말에 내가 고개를 끄덕였다. 큰 의미 없이 그냥 '계속 말하라'는 의미의 반응이었다. Y교주는 나의 뜨뜻미지근한 표정이 마음에 들지 않았는지 다시 자신이 누구인지에 대해 설명했다.

— 초림예수는 양띠였기 때문에 재림예수는 소띠여야 합니다. 바로 내가 소띠입니다. 그리고…. 오병이어 사건처럼 재림예수는 오남매 중의 맏아들이어야 합니다…. 나는 이러한 모든 조건에 충족됩니다. 그래서 내가 진짜 재림예수가 맞습니다.

Y교주는 내가 자신의 말을 듣고 '오! 그렇군요. 내가 드디어 재림예수님을 만났네요'라며 깜짝 놀라기를 원했던 모양이다. 그가 원하는 대로

놀라는 반응을 보여주어야 하나? 이런 상황에서 나는 늘 갈등이 생긴다. 취재를 위해, 즉 조금 더 많은 정보를 얻기 위해 어느 정도 맞장구를 쳐주어야 하는가 하는 점이다.

Y교주의 설명이 도대체 이해가 가지 않는다. 초림예수가 양띠라는 말과 그럼 재림예수는 소띠여야 한다는 말은 또 무엇인가? 오병이어 사건과 오남매와는 또 무슨 관계가 있는가? 정말 황당함과 엉뚱함 그 자체다. 나를 크게 놀라게 한 것은 Y교주의 행태가 아니라, 이런 Y교주를 추종하는 이가 약 20명이나 된다는 사실이다. 허탈하고, 화가 나기도 했다. Y교주가 자신은 무학이지만 자신보다 공부를 많이 한 사람을 가르치고 있다고 당당하게 말하는 게 결코 허언만은 아니란 말이다.

Y교주 옆에 있던 추종자 A씨는 자신도 처음에는 말도 안 되는 소리라며 무시했다고 한다. 그런데 계속된 Y교주의 성경해석이 옳다고 여겨 지금까지 따르게 되었다고 했다. 옆에 있던 다른 신도들도 고개를 끄덕였다. 그는 Y교주가 설명해주는 '예수님은 양띠', '오병이어 사건과 오남매' 등의 성경 해석이 옳은 것이라며 그대로 받아들였다고 했다. '아~' 정말 어이가 없는 일이다. 이런 사이비 교주의 문제의 원인은 바로 교주 때문일까 아니면 그 추종자들 때문일까? 기본적인 분별력조차 없이 엉뚱한 판단을 하는 추종자들이 있기 때문에 사이비 교주들이 활개를 펴고 있는 게 아닐까?

이번 《나는 교주다》 원고를 작성하면서 매우 재미있는 사실을 발견할 수 있었다. 바로 자신이 진짜 재림예수라는 Y교주의 주장이 '뻥~'이었다

나는 교주다

는 점이다. Y교주는 지난 2015년에 세상이 엄청난 환란으로 휩싸이게 될 것이라고 주장한 바 있다. 그때 자신의 단체가 구원의 방주 역할을 하게 될 것이며, 그때가 되면 세상 사람들이 Y교주가 바로 재림예수임을 알게 될 것이라고 했다. 이번 원고를 준비하면서 자연스럽게 그때 그의 주장을 점검할 수 있게 되었다. 과연 Y교주의 주장대로 세상이 변했나? 지금은 2024년이다. 9년이 더 지났다. Y교주의 주장과 같은 일은 전혀 발생하지 않았다. Y교주는 무엇이라 핑계를 댈 수 있을까?

Y교주는 자신을 '보혜사 성령'이라고 주장한 또 다른 교주 밑에서 활동했던 사람이다. 그가 스승으로부터 독립해서 딴 방을 차린 격이다. Y교주에게 그의 스승 격인 교주의 이름을 언급해보았다. 그러자 그의 얼굴 표정이 순식간에 굳어졌다. 그리고 이렇게 말했다.

— 그 양반은 가짜 신이고 내가 진짜 재림예수야.

한편, 역시 자신을 스스로 신이라고 여기는 모 교주를 취재할 때의 일이다. 그 교주에게 Y교주 이야기를 슬쩍 꺼낸 적이 있었다.

— Y교주가 자신이 진짜 재림예수라고 하던데….

그러자 그 교주 역시 벌컥 화를 내며 이렇게 말했다.

— 아니야, 내가 진짜 재림예수야….

두 사람이 한번 만나 대화를 해보면 좋을 것 같다.

"불치병도 자신의 안수 행위로 치료해준다는 교주가 병원 신세라니…."

3. 가짜 예언자들을 찾아서

―그것은 그분의 손바닥에서
치료의 광선이 나가기 때문입니다.

교주님 레이저빔 쏘신다

아픈 곳을 치료받고자 하는 것은 모든 인간의 공통된 소망일 것이다. 많이 아플수록 사람의 마음은 한없이 연약해진다. 질병이 치료되기만 한다면 지푸라기라도 잡고 싶어진다. 건강한 사람은 그 심정을 잘 모른다.

사이비 교주들이 이들 마음에 기생한다. 아픈 사람과 그 가족들의 연약한 마음을 이용하여 자신의 이익을 챙기려 한다. 안수라는 행위로 아픈 이들에게 접근하는 교주들이 많다. 자신의 안수 행위로 불치병도 낫는다고 홍보를 한다. 이때 안수한다며 몇 가지 재료가 등장하기도 한다. 밀가루, 파스, 생수, 손수건 등이다. 교주가 위의 물건에 안수를 하면 그 물건이 치료를 위한 특수 약으로 바뀐다는 것이다.

예를 들어 교주가 안수한 생수는 치료의 물이 되어서 비싼 값에 팔린다. 머리 아픈 사람은 그 물을 머리에 붓고, 피부에 질병이 있는 사람은 피부에 스프레이처럼 뿌리기만 하면 모든 질병에서 해방된다고 믿는다.

심지어 고장난 TV나 컴퓨터에 그 물을 뿌렸더니 기계가 작동이 되었다는 어처구니없는 주장들도 나타난다. 전자제품과 물은 상극이다. 물을 뿌리거나 부으면 없던 고장도 생기게 된다. 하지만 사이비 세상에서 이런 '상식'은 '불신'으로 취급받는다.

자신의 손바닥에서 광선이 나간다고 주장하는 교주가 있다. 소위 손바닥 교주다. 그곳에서 나오는 특수한 빛이 신도의 아픈 곳을 치료한다고 한다. 단순하게 만화 영화를 많이 본 모양이라고 웃어넘길 일은 아니다. 수천 명의 신도들이 그것을 믿고 그 단체에 다닌다. 앞서 언급한 밀가루 안수, 파스 안수, 생수 안수 등도 이들의 행사에 등장한다. 그렇지만 교주의 '손바닥 광선' 안수가 압권이다.

　손바닥 안수는 이렇게 진행된다. 교주는 아프다고 찾아온 신도의 아픈 부위에 자신의 손바닥을 살짝 올려놓고 기도를 한다. 혼자 중얼거리는 식이다. 이후 몇 차례 환부를 때리기도 한다. 때리는 강도는 경우에 따라 다르다. 톡톡 치는 것에서부터 찰싹거릴 만큼 아프게 때리는 경우도 있다. 이후 교주는 자신의 손을 환부에서 10센티미터 정도 띄우고 또 무엇인가 중얼거리며 기도를 한다. 이때 환자는 아프다고 소리를 지른다. 조금 전 교주가 자신의 손바닥으로 때린 것 때문일 수 있다. 그러나 교주는 치료의 광선이 자신의 손바닥을 통해 환부로 들어가기 때문이라고 주장한다. 그 광선 때문에 질병이 치료되는 것이라고 했다. 교주는 계속 심각한 표정을 지으며 계속 중얼거린다. 그 치료의 광선이라는 게 우리 눈에 보이지는 않는다. 1~2분 정도 지나 교주가 기도를 마친다. 교주는 환자와 가족들에게 '믿으라'고 말한다. 치료의 광선이 들어갔기 때문에 치료되었다고 믿어야 한다고 강조한다. 환자나 가족들은 억지로라도 믿어야 한다. 기뻐하고 놀라운 표정까지 지으면 교주에게 더욱 큰 신임을 얻는다. 만약 그렇지 않으면 '믿음 없음'으로 규정되어 다음번 치료의 순서에서 탈락되거나 밀린다. 이는 아픈 이들에게 지푸라기를 뺏는 일이다.

치료의 광선이라…. 이게 사실이면 정말 놀라운 일일 게다. 그것도 교주의 손에서 나온다고 하니…. 노벨상은 물론이거니와 의학계에 새로운 바람이 불게 될 것이다. 전 세계적으로 연구 대상이 될 수도 있다. 그전에 내가 먼저 점검하고 싶다. 그게 정말일까? 어떻게 점검할 수 있을까?

교주의 손바닥에서 치료의 광선이 나간다는 홍보 영상도 있다. 사람들은 그 영상을 보고 정말 교주의 손에서 치료의 광선이 나간다고 믿고 있다. 그럴 의도로 주최 측에 의해 제작되어 배포된 것이다. 영상은 저녁 시간에 촬영되었다. 교주가 자신의 손바닥을 펼쳐 아픈 환자의 환부에 10센티미터 정도 거리를 두는 행위는 앞서 설명한 그대로다. 이 영상에서 특이한 점이 발견되었다. 교주가 안수한다며 자신의 손바닥을 펼쳤을 때, 교주의 손바닥이 환하게 빛났다는 점이다. 이 영상을 홍보하는 이는 그 장면을 교주의 손바닥에서 치료의 광선이 나가기 때문이라고 설명했다. 밤에 촬영했기 때문에 교주의 손바닥에서 나오는 광선이 보인 것이라고 덧붙였다. 어쨌든 그 영상에서 교주의 손바닥이 번쩍였던 것은 사실이었다. 어찌 된 일일까? 정말 교주의 손바닥에서 어떤 모양이든 광선이 나오는 것일까? 상식적, 과학적, 논리적으로 그런 일은 있을 수 없다고 판단했다. 그러면 그 빛은 무엇일까?

그 영상을 정말 수십 번 반복해서 봤다. 교주의 손바닥이 빛으로 반짝이는 장면은 1분 정도 분량에 불과하다. 보고 또 봐도 그게 그것인 것 같았다. 그러던 중 '아~, 혹시…' 하는 생각이 들었다. 그 영상을 매우 천천히 느린 속도로 설정하고 자세히 보았다.

그렇다. 특이점을 발견했다. 환하게 빛났던 교주의 손바닥에 무엇인가 변화가 있었다. 안수를 끝낸 교주가 자신의 손을 뒤로 빼는 장면에서였다. 그의 손가락 사이사이로 그림자가 드리워지는 것이 보였다.

'오~'

바로 이것이다. 이는 무엇을 의미하는가? 누군가 교주의 손바닥 밑에서 손전등을 비추고 있었다는 의미다. 다시 설명하면 교주는 안수한 후, 자신의 손을 뒤로 뺄 때 그 손은 약간 방향을 뒤틀면서 뺐다. 내가 직접 실험을 해봤다. 그렇게 손을 빼는 게 자연스러웠다. 이때 새끼손가락의 그림자가 약지손가락에 얹히고, 약지손가락의 그림자는 중지손가락에 나타나는 식이었다. 이 영상을 정상 속도로 봤을 때는 잘 보이지 않았다. 그 현상이 순식간에 지나가기 때문이다. 느린 속도로 한 컷, 한 컷 천천히 보면 확실히 잘 보였다.

손바닥 교주의 단체에서 탈퇴한 신도들이 있다. 그들에게 이 사실을 알려주었다. 그 탈퇴 신도들도 '그럴 것이라고 생각은 했지만, 이렇게 입증이 될 줄은 몰랐다'며 놀라워했다. 그러면서 동시에 교주의 손바닥 안수 때 손전등을 비춰주었던 이가 ○○○이라는 증언이 나왔다. 그 역시 탈퇴 신도였다. 그 신도를 수소문해서 직접 만났다. 그는 자신이 교주의 손바닥에 손전등을 비춰준 게 맞다고 털어놓았다.

정말 혹세무민惑世誣民의 세상이다. 세상을 미혹하고 백성을 속이려는 행위들이 정말 많다. 정말 황당하고 어이없는 일들이 많다. 특별히 몸이 아픈 이들과 가족들은 조심해야 한다. 우리 모두 인생의 위기(건강, 재정, 죽음 등) 때, 정말 조심해야 한다.

— 으멘.

예언의 가격

'예언집회'만한 스테디셀러도 업계에서 드물다. 지금 당장 유튜브나 인터넷 검색창을 열고 '예언집회'라는 단어를 입력해보라. 홍보물이 쏟아진다. 길거리 전봇대나 벽에 붙은 '예언집회' 전단지도 보인다. 도대체 그런 예언집회라는 것은 어떤 내용일까? 짐작하는 바도 없지 않지만, 그 실체에 직접 접근해보기로 했다.

'예언집회'를 알리는 전단지가 내 눈에 들어왔다. '신유神癒(신의 힘으로 병이 낫는 것)집회'도 함께한다고 했다. 재미있는 것은 교주의 이름이었다. 교주의 이름이 '예언'이다. '신유'는 또 교주 배우자의 이름자 안에 들어가 있었다. 물론 둘 다 가명일 것이다. 그 이름들을 보고 웃지 않을 수가 없었지만, 장사를 위해 정말 여러 가지 꼼수를 부린다는 생각에 조금은 쓸쓸하기도 했다.

나는 교주다

아래 '교주 되는 법'에서도 언급하겠지만, 이러한 소품들은 언뜻 유치해 보여도 활용하기에 따라 효과가 클 수 있다. 교주의 이름이 '예언'이라면 예언집회의 끝판왕이지 않을까 하는 생각이 들 수도 있다는 이야기다. 그래서 그 집회에 직접 참석해보기로 했다. ○○빌딩 지하에서 열린다는 그 집회 장소의 출입문을 열고 들어갔다. 공개된 집회라고 홍보되었기에 제지하는 이는 없었다.

찬송, 기도, 설교 등 일반적인 기독교 집회의 모습과 크게 다르지 않았다. 전체적으로 매우 시끄러웠던 게 특징이라면 특징이다. 집회의 하이라이트는 후반부에 나왔다. 헌금 시간이 되자, 주최 측 안내하는 신도들이 일어나 참석한 신도들 사이를 비집고 다니며 직접 헌금 봉투를 거두었다. 집회 시작 전, 신도들은 헌금 봉투 뒷면에 자신의 인생 고민, 해결하고 싶은 일들을 미리 기록해 둔 바가 있다. 안내자들이 그렇게 하라고 알려준다.

거둬들인 신도들의 헌금 봉투가 교주 앞 단상으로 올려졌다. 손으로 크게 한 묶음 정도의 분량이다. 얇은 것에서부터 두툼한 봉투까지 다양했다. 대략 50~60개 정도 될 것으로 보였다. 이윽고 교주가 단상으로 나왔다. 교주는 많은 헌금 봉투 중 하나를 잡았다. 그 뒷면의 내용을 읽었다.

— 읽어보겠습니다. '소유하고 있는 땅을 팔려고 하는데 언제 팔아야 좋을까요?'라는 내용이네요.

어느 신도의 고민거리였다. '땅을 언제 팔아야 좋은 값에 팔 수 있는가', 이거야말로 그 신도에게는 가장 큰 고민거리였을 것이다. 하지만 이렇게 헌금 봉투에 고민을 적거나 하면, 교주에게 무슨 점을 쳐달라는 식으로 변질될 수 있다. 사실 이런 류의 집회에서는 흔히 나오는 장면이다.

교주는 그 봉투를 들고 신의 음성을 들어보겠다고 했다. 돈 봉투를 잡은 손을 높이 들고 눈을 감고 알아들을 수 없는 말로 크게 지껄였다. 그들은 그것을 방언기도라고 했다.

―아××까×××냐 ××××이 ×리×××부×…….

도저히 알아들을 수도 받아적을 수도 없는 말이었다. 약 10초 정도 기도라는 행위를 한 후, 교주는 그 신도를 쳐다보며 이렇게 말했다.

―사랑하는 딸아, 내가 너에게 말하노라.

교주는 즉석에서 신과 대화를 하고, 곧바로 신의 음성을 직접 그 신도에게 알려준다는 식으로 언급했다. 즉, 신의 말을 대신 전한다는 방식이다. 1인 2역이다. 교주는 다시 눈을 감고 같은 행위를 반복했다.

―우×××××냐 ×××××리 ×라×…….

교주는 눈을 감고 알아들을 수 없는 말을 또다시 10여 초 반복했다. 그리고 다시 눈을 뜨고 그 신도를 쳐다보았다.

―사랑하는 딸아, 두 달 후에 팔도록 하여라.

교주의 말이 나오자마자, 집회장에는 말 그대로 환호성이 터져 나왔다. 집회에 참석한 50~60여 명의 신도 입에서 '아멘', '주여' 등의 감탄사가 섞인 고백들이 폭발했다. 감동의 순간이었다. 나를 제외하곤 상황을 의심하거나 거부하는 이들이 전혀 없어 보였다. 누가 감히 그 분위기 속에서 '그것은 신의 음성이 아닙니다'라고 반발할 수 있겠는가.

교주의 이러한 예언 '쇼'는 계속 진행됐다. 참석한 신도들은 너도나도

나는 교주다

인생의 '답'을 얻기 위해 헌금 봉투를 내밀었다.

나도 그 교주의 예언 행위에 직접 참여해보기로 했다. 며칠 후 그 집회에 다시 참석했다. 나도 헌금 봉투를 준비했다. 어느 정도 두툼하게 채웠다. 정말 피 같은 돈이 아까웠지만 그래도 제출했다. '예언집회'의 현장을 있는 그대로 취재하기 위해 어쩔 수 없었다. 봉투 뒷면에 내 인생 고민을 적었다. 물론 내용 자체는 만들어 낸 이야기지만, 어떻게 쓰면 교주의 구미가 당겨질까 하는 고민은 담겨 있었다.

'저에게 과년한 여동생이 있습니다. 그가 결혼하겠다며 데려온 남자가 있지요. 그런데 그는 이름만 대면 알만한 우리나라 재벌 집안의 자손이었습니다. 우리 집과 경제적 차이가 너무나 큽니다. 결혼하면 여동생이 고생을 많이 할 것 같습니다. 이 결혼을 허락해야 할까요? 아니면 포기하도록 해야 할까요? 제 여동생 좀 도와주세요.'

예언집회의 하이라이트, 드디어 교주는 제법 두툼한 헌금 봉투를 집어 들었다. 내가 제출한 봉투였다. 그 교주는 봉투 뒷면에 기록된 인생 고민 이야기를 큰 소리로 읽었다. 나는 이 교주가 결혼을 시키라고 말할 것이라 짐작했다. 이유는 간단하다. 그래야 교주 자신에게 국물이라도 떨어질 수 있기 때문이다. 교주는 나를 불렀다.

— 이 기도 제목 내신 분 누구신가요?

내가 손을 들었다. 교주는 나를 자리에서 일어나라고 했다. 자리에서 일어나니 신도들로부터 주목을 받았다. 내가 써낸 내용이 신도들에게도 적지 않은 관심거리였던 모양이다. 교주는 신도들에게 이렇게 너스레를 떨기도 했다.

─ 신도 여러분, 이 결혼을 시켜야 할까요? 말아야 할까요?

신도들 사이에서 '결혼을 시켜야 한다'는 등의 반응이 나왔다. 교주는 약간의 미소를 띠었다. 이윽고 그는 신의 음성을 듣겠다며 눈을 감고 내 헌금 봉투를 높이 들고 기도 행위를 했다.

─ 아×××× ×××야, ×××타 후×××마×….

그는 역시 알아들을 수 없는 말로 떠들었다. 그의 기도는 알아듣거나 받아적을 순 없어도 따라 하라고 하면 대충 따라 할 수도 있을 법한 제멋대로 지껄이는 소리였다. 교주의 기도 행위가 끝났다. 드디어 신의 응답이라는 게 내려왔다. 교주는 이렇게 말했다.

─ 하나님께서 지금 말씀하셨습니다. 그 결혼을 허락하겠다고 합니다.

─ 아멘.(신도들 함성)

예상이 빗나가지 않았다. 교주의 '결혼 허락'이라는 말에 참석했던 신도들은 박수를 치며 '아멘'과 함께 환호성을 질렀다. 사람들은 교주와 나를 번갈아 쳐다보며 박수를 이어갔다. 그들은 신과의 즉석 소통에 감동한 것으로 보였다. 나는 어떤 감동의 표현을 보여주어야 할까. 순간 고민이었다. 나도 어쩔 수 없이 두 손을 들고 박수를 치며 작은 목소리를 냈다.

'으~멘~'

'아멘'이 아니었음을 기억해주시기 바란다. 집회가 끝났다. 교주에게 개인 면담을 신청했다. 그 교주는 마치 나를 기다렸다는 듯이 면담을 허

나는 교주다

락했다. 교주의 상담실 방으로 들어갔다. 교주 부부가 함께 나를 맞이했다. 그들의 입가에는 미소가 가득했다. 그들은 나에게 무엇을 기대하고 있을까? '신의 말씀을 내려주셔서 감사합니다' 또는 '충성스럽게 이 기도원에 잘 다니겠습니다' 등을 생각했을까? 교주 부부와 나 사이에 잠시 적막이 흘렀다. 나는 명함을 그에게 '쓱~' 내밀었다. 교주 부부는 나에게 눈웃음을 띠며 그 명함을 받아 읽었다.

'기자 장운철'

그 순간 그들의 얼굴에서 웃음기가 '싹~' 사라졌다. 표정이 차갑게 굳었다. 얼굴색이 창백해졌다. 입술은 부르르 떨기도 했다. 그들은 모두 움직이지 않았다. 잠시 마네킹 같았다. 그동안 취재하면서 교주들이 이렇게 경직된 모습을 처음 보았다. 사람이 '갑자기 당황하고 놀라면 이럴 수 있겠구나'라는 생각이 들었다. 내가 말을 했다.

— 저는 사실 여동생이 없습니다. 따라서 여동생 결혼 이야기도 가짜입니다. 그런데 결혼을 시키라는 신의 음성이 내려왔다고 했습니다. 어떻게 된 것입니까?

나에게는 정말 여동생이 없다. 미래에 부모님이 여동생을 낳아 줄 가능성도 없다. 교주의 반응이 궁금했다. '미안합니다', '제가 실수했습니다' 등의 자책하며 나에게 유화적인 자세를 취할까, 아니면 '당신이 감히 신을 속이려 하다니…' 등으로 화를 내는 모습으로 나올까? 그는 과연 어떤 말을 할까?

앞서 밝혔듯이 사이비 종교 취재 마지막 순간, 기자의 신분을 밝힐 때가 제일 위험하다. 사이비 교주와 흥분한 신도들이 취재기자에게 해를 가할 수 있기 때문이다. 그렇다고 공식적으로 교주 측의 반응을 안 들을 수도 없다.

그들은 계속해서 아무 말 없이 가만히 있었다. 나도 계속 기다렸다. 상담실 밖에서 '교주님~' 하고 부르는 신도의 목소리를 듣고 정신을 차린 듯, 밖의 신도들에게 '기다리세요'라고 말한 후에 그들은 내 얼굴을 다시 쳐다보았다. 그리고 이렇게 말했다.

―기자님~ 한 번만 봐주세요. 제발 한 번만….

교주의 목소리가 '파르르~' 떨리며, 한 번만 봐달라며 애원을 했다. 무엇을 봐달라는 말인가? 내가 무슨 돈 받으러 온 채권자인가? 내가 깡패인가? 이거 참…. 폭력행위가 발생하면 내 쪽에서 봐달라고 해야 하나 고민하던 참이었는데, 기분이 '묘~'했다.

위 예언집회 기사가 보도되었다. 예언 행위라는 것에 대한 상세한 내용과 함께 관련 사진까지 나갔다. 독자들의 반응이 뜨거웠다. 사이비 신앙에 대한 경종을 또다시 울리는 역할을 했다며 나 자신도 뿌듯해했다. 두어 달 후에 그 장소를 다시 찾아가 보았다. 그 교주들이 집회를 계속하고 있는지, 교주의 반응은 또 어떻게 달라졌는지 등에 대해 후속 취재를 하기 위해서다. 그 교주는 그런 예언 장사를 계속하고 있을까?

그 집회 장소에 도착했다. 그런데 그 집회 간판이 보이지 않았다. 처음에는 장소를 잘못 찾았나 다시 확인했다. 아니다. 정확히 같은 장소다. 간판뿐만 아니라 어떤 사람의 흔적조차도 사라졌다. 출입문은 잠겨 있었다.

어찌 된 일일까? 주변 사람들에게 물어봐도 어느 날 사라졌다는 말뿐이다. 파산한 것인가 아니면 어디로 잠시 숨은 것인가. 알 길이 없다. 어쨌든 신의 이름을 팔아 선량한 신앙인들의 피 같은 돈을 빨아먹고 사는 그교주가 사라지고 집회장 문이 닫혔다는 것에 살짝 희열을 느꼈다.

몇 년 후, 한 통의 제보를 받았다. 필리핀에서 활동하다가 귀국한 어떤 선교사라는 이들이 '예언집회'를 한다는 내용이었다. 부부가 함께 활동한다고 했다. 예언집회라는 게 흔하다 보니 처음에는 큰 관심은 없었다. 제보자는 그들의 집회 사진 여러 장을 보내왔다. 휴대폰으로 이래저래 확대해서 그 인물들을 살펴보았다. 그때 뇌리를 스쳐 지나가는 한 인물이 있었다.

'아, 이게 누구야…!'

몇 년 전 나에게 한 번만 봐달라며 애원했던 바로 그 교주였다. 세월이 조금 지나 긴가민가하기도 했지만, 분명히 그들이었다. '아직까지 이런 짓을…. 개 버릇 남 못 주는구먼.' 이들이 바로 그들인지 정확한 사실 확인이 필요했다. 여러 경로를 통해 그 교주의 휴대폰 전화번호를 알아냈다.

— 여보세요. ○○○ 선교사님이시죠.

— 네. 그런데요. 누구신가요?

그는 퉁명스럽게 전화를 받았다. 수화기 너머로 들려오는 그의 목소리, 그때 그 교주가 확실했다.

— 저는 몇 년 전에 □□□에서 예언집회를 취재했던 기자입니다. 아시죠?

―아아….

　그도 과거의 일이 생각난 모양이다. 그는 바로 자세를 낮추며 이렇게 애원했다.

―아이고~ 기자님. 저에게 왜 이러세요. 제발, 제발 저 좀 그냥 놔두세요. 제발….

그는 마치 귀신 소리라도 들은 듯 화들짝 놀랐다. 그는 또다시 자신을 그대로 놔달라며 애원했다. 그는 곧바로 전화를 끊을 것 같았지만, 그렇게 하지 않았다. 그것이 자신에게 좋을 게 없는 일이라고 판단한 모양이다. 그는 대신 나에게 하소연을 했다.

―아휴, 기자님. 어떤 소문이 기자님에게 들어갔는지 모르겠지만, 저 착하게 살려고 노력하고 있어요. 예전에 그날 기자님이 쓰신 기사가 나가고 나서 신도들이 완전히 딱~ 끊어졌어요. 저 완전히 망해서 그곳을 나갔어요. 필리핀에서 고생하다가 이제 들어와서 뭐 좀 해보려고 하는 거예요. 제발 저 좀 그냥 놔두세요. 제발 좀….

— 불쌍한 기자 양반! 저기 하늘을 한번 보세요.

종말의 날을 증언하다

그날은 세상 종말의 날이었다. 1992년 10월 28일 그날이 닥쳐오면, 일명 '휴거(그리스도가 재림할 때 구원받는 사람이 하늘로 올라가는 것)'가 일어난다는 소위 시한부 종말론이 온 나라를 한바탕 크게 뒤흔들어 놓았다. 한국은 물론 미국, 호주, 유럽 등 외국에서도 '세상 마지막이다, 학교나 직장에 갈 필요 없다, 10월 28일 휴거를 믿어야 천국 간다'는 등의 메시지가 범람하며 사회적으로 큰 홍역을 치렀다. 이 사태에 주도적인 역할을 한 것은 슬프게도 한국 사람들이었다.

A씨의 역할이 컸다. 그는 세상 종말에 대한 하늘의 계시를 받았다는 어린아이들의 간증 이야기를 담은 《다가올 미래를 대비하라》(1988년)라는 제목의 책을 발행했다. 그 책 제목을 따서 그는 '다미선교회'란 단체를 세웠다. 이곳이 '1992년 10월 28일 종말설'의 중심 단체가 되었다. 10월 10일 종말설 등 몇 가지 다른 이론들도 같은 시기에 등장했지만, 다미선

교회에서 주장하는 10월 28일 설이 압도적으로 그 세력이 컸다.

당시 종말설이 급속하게 커진 원인 중 하나가 바로 '걸프전'이었다. 이라크의 1990년 쿠웨이트 침공으로 일어난 전쟁은 다음 해까지 계속되었다. 미사일과 포탄이 불길을 내뿜으며 날아가는 장면이 TV를 통해 전 세계로 생중계됐다. 이런 식으로 실제 전쟁 상황이 TV를 통해 방영된 것은 아마도 처음이었을 것이다. 우리는 북한이라는 불안 요소를 늘 갖고 있다. 중동의 생생한 현장이 한국전쟁에 대한 공포를 반사적으로 일으켰다. 만약 그렇게 되면 세계 3차대전과 함께 '세상 종말'이 정말 올 것이라고 생각했다. 시한부 종말론은 이렇게 두려움을 통해 쑥쑥 자라났다.

드디어 1992년 10월 28일 아침이 밝았다. 긴 하루의 시작이었다. 세간의 관심은 '휴거'에 집중됐다. 진짜 세상 종말은 올까? 그 종말론을 믿은 사람만이 그들이 말한 천국에 진짜 가는 것인가? 지금이라도 그들을 따라 그들의 믿음을 가져야 하는 것은 아닌가?

아침부터 서울 마포구 연남동에 자리한 '다미선교회' 본부엔 사람들이 하나둘씩 모이기 시작했다. 밤 12시(자정) 그들의 마지막 집회를 앞두고 준비하기 위한 사람들이다. 이미 전날부터 경찰들의 움직임도 보였다. 질서 유지는 물론 '종말 불발, 휴거 불발' 사태로 인해 발생할 수 있는 자해나 폭력 행위 등을 미연에 방지하기 위해서다. 다미선교회 측에서도 사회가 자신들을 어떻게 보고 있는 줄 잘 알고 있었다. 그들도 며칠 전부터 신도들에게 미리 입장표를 발부했다. 자신들의 신도들 외에 취재기자나 외부 인사들의 출입을 철저히 막겠다는 의도였다.

나도 당연히 시한부 종말론 취재에 뛰어들었다. 1~2년 전부터 관련 기사를 많이 쏟아냈다. 이제 제일 중요한 당일 취재를 남겨 둔 상태다. 그런데 10월 28일 당일 취재 계획을 조금 바꾸기로 했다. 연남동의 다미선교회 본부에 들어가서 직접 취재하고 싶었지만, 그것은 불가능했다. 어느 기자도 당일 그 현장에 들어갈 수 없었다. 나는 그 시한부 종말론 현장을 꼭 직접 보고 취재하고 싶었다. 그래서 장소를 바꾸기로 했다. 멀리 경상남도에 위치한 어느 기도원을 택했다. 사람들의 관심도에서 어느 정도 떨어진 곳이다. 그러나 시한부종말론 단체 중 꽤 크다고 할 수 있는 곳이었다. 그동안 취재차 출장간 곳 중 가장 먼 곳이 아닐까 싶었다. 신안 앞바다와 전남 완도군 보길도까지 취재를 위해 가보기는 했다. 그곳이 더 먼가? 아무튼, 아침 일찍 기차 타고, 버스 타고 그 기도원을 향해 길을 떠났다. 아내와 동행했다. 당시 결혼한 지 얼마 안 된 때였다.

그 기도원은 어느 야산 한복판에 자리해 있었다. 숲으로 둘러싸여 기도원에서 어느 정도 소리를 질러도 방해를 받지 않을만한 장소였다. 기도원은 단층으로 된 오래된 한옥 형태의 건물이었다. 집회장은 방석이 널려 있었다. 빼곡히 앉으면 60~70명은 수용될 만한 크기였다. 저녁 7~8시쯤 되자 그 기도원에 사람들이 모이기 시작했다. 아래위 하얀색의 옷을 입은 사람들이었다. 일반적인 옷을 입은 사람들은 가족이나 친인척 또는 취재기자나 몇몇 구경 온 지역 사람들이다. 경찰도 수십 명 배치되었다. 그리

크지 않은 기도원에 모두 합쳐 약 200명의 사람이 한자리에 모였다. 복잡했다.

그 기도원의 대표자는 K 목사였다. 나는 그를 찾아가 명함을 건네고 안면을 텄다. 서울에서 취재차 내려왔다고 하니, 흠칫 놀라는 표정이었다. 서울에서 온 기자는 내가 유일하다고 했다. 자유로운 취재를 보장받은 셈이다.

밤 9시경, 집회가 시작되었다. 신도 입장에선 이 땅에 살아 있는 동안 갖게 되는 마지막 집회인 셈이다. 집회장 안으로 들어갔다. 신도들의 눈은 초롱초롱했다. 감동, 감격, 또는 어떤 간절함이 그대로 그 안에 드러나 보였다. 이들의 열정을 누가 막을 수 있겠는가. 사이비에 빠졌다는 모든 핍박과 비난 등을 뚫고 그곳까지 달려온 이들이다. 신도들은 박수를 치며 열성적으로 노래를 부르며 집회에 참여했다. 간간이 집회장 밖에서 "○○야, 엄마 여기에 있다", "△△야, 정신 차려라"는 등의 간절한 목소리가 추임새처럼 노래 가사에 섞여 아우성쳤다. 그곳은 종말이라기보다는 태초의 혼돈 그 자체였다.

밤 11시, 자정이 되기 1시간 전이다. 잠깐 휴식 시간이 주어졌다. 신도들에게 화장실도 가고, 가족과 마지막 인사의 시간도 주어졌다. 빨간색 상의와 하얀색 하의 정장을 갖춰 입은 남성 신도 한 명이 눈에 '확~' 들어왔다. 그의 옷에 '1992년 10월 28일 24시, 휴거'라는 글귀가 선명하게 인쇄되어 있었다. 그에게 다가가 명함을 건넸다. 그러자 그의 첫 마디는 이랬다.

— 불쌍한 기자 양반, 저기 하늘을 한번 보세요. 지금 천사들이 막 내려오
는 것이 보이지 않소?

— 어디요?

— 저기 저쪽…. 천사들이 내려오고 있는 게 보이지 않는단 말이오? 지금
이라도 회개하고, 우리를 따라오세요. 그러면 잠시 후에 천국에 들어
갑니다. 횡재요 횡재….

— 아….

그는 계속해서 나를 불쌍하다는 듯이 위아래로 훑었다. '쯔쯔쯧….' 혀
를 차는 소리를 내기도 했다. 지금이라도 늦지 않았으니 자신들이 외치는
'종말'을 믿으라고 했다. 그는 정말 큰 확신에 차 있었다. 내가 그에게 질
문을 던졌다.

— 만약, 휴거가 일어나지 않으면 어떻게 하시겠어요?

— 에이…. 무슨 말 같잖은 소릴….

그는 다시 하늘의 한쪽을 바라볼 뿐이었다. 그곳을 아무리 응시해도
천사는 물론 그 어떠한 것도 보이지 않았다. 산속이라서인지 도시에서 보
기 힘든 별은 반짝반짝 밝게 빛났다. 그에게 사진 촬영을 부탁했다. 종말
설이 인쇄된 옷을 입은 그 모습을 눈으로만 담기에는 아쉬움이 남았다.
그는 마음대로 하라며 흔쾌히 허락했다. 이제 잠시 후 휴거될 것이라며
개의치 않았다.

이때 촬영한 내 사진이 언론사를 통해 적지 않게 회자됐다. 특종 사진이
다. 1992년 10월 28일의 시한부 종말 사건을 설명하는 멋진 작품이었다.

15분 전. 신도들이 집회장으로 다시 모였다. 나도 따라 안으로 들어갔다. K 목사가 단상에 섰다. 그는 신도들을 향해 "이제 마지막 순간이 왔습니다. 잠시 후 우리는 이 세상을 떠납니다. 천국으로 가게 됩니다"라며 "이제 마음을 정리하고 두 손을 높이 들고 기도합시다. 휴거를 맞이합시다"라고 외쳤다. 그러자 모든 신도가 큰소리로 '아멘'이라고 합창을 한 후 소리를 질렀다.

최후의 외침, 최후의 절규, 최후의 통곡. 일어서서 두 손을 높이 드는 이, 엎드려 손바닥으로 땅을 치는 이, 가만히 앉아서 눈을 감고 있는 이 등 신도들의 모습은 다양했다. K 목사는 단상 아래 엎드려 있었다. 벽걸이 시계가 자정 5분 전을 가리키고 있었다. 그 시계와 신도들의 열광적인 모습이 조화를 이루었다. 나는 이 모습도 사진에 담았다.

1~2분 전. 나는 K 목사가 있는 단상 쪽으로 갔다. 그는 단상 밑에 엎드려 있었다. 나도 그 옆에 바짝 붙어 앉았다. 자정이 되는 순간, K 목사와 즉석에서 인터뷰할 생각이었다.

'띠-띠-띵~'

자정이 되었다. K 목사와 신도들은 자정이 된 줄도 모르고 동일한 자세를 취한 채 중얼거리거나 소리를 지르고 있었다.

나는 K 목사의 어깨를 툭툭 가볍게 건드렸다. 그는 얼굴을 살짝 돌려 나를 쳐다보았다. 내가 그에게 자정이 되었음을 알렸다.

─ 자정이 막 지났습니다.

─ 아, 그래요. 아휴….

그는 자신의 손목시계를 본 후, 다소 놀라는 듯한 반응을 보이며 한숨을 내쉬었다. 자정이 지났다는 말과 함께 자신이 기자와 대화를 하고 있다는 것 자체가 그에게는 실망감과 허탈함을 주었을 것이다. 자신들이 그렇게 확신에 가득 차 외쳤던 '종말'과 '휴거'라는 게 불발되었다는 것을 직감할 수 있었기 때문이다.

— 신도들은 어떻습니까? 휴거된 사람은 있습니까?

그는 선뜻 일어서지 못했다. 자신이 일어나 살펴보면 될 일을 나에게 물어보았다. 두려웠던 모양이다.

— 아무런 변화가 없습니다. 신도들도 다 그대로입니다.

— 어휴~

장탄식을 내뱉는 그였다. 나는 침묵으로 답하며 K목사의 다음 말을 기다렸다.

— 한 5분만 더 기다려봅시다.

그의 목소리는 절망에 가까웠다. 종말과 휴거를 기다리던 10여 분 전의 모습과는 너무도 달랐다. 무기력에 빠진 듯했다. '툭툭' 그의 어깨를 다시 건드렸다. 5분이 지났음을 알렸다. 그는 재차 휴거된 신도들이 있느냐고 물었다. 나는 '없다'고 말했다. 이어지는 그의 질문이 안쓰럽게 여겨지기도 했다.

— 기자님, 그러면 이제 제가 어떻게 하면 될까요?

나에게 어떻게 하면 좋겠냐고 물으며 그는 일어나 앉았다. 그리고 어찌할 바를 모른 채 멍하니, 가만히 있었다. 정말 아무 생각이 없어 보였다. 시한부 종말론이 실패할 경우를 대비해 전문가들이 조언했던 내용들이 있었다. 나는 그것을 알려주었다.

— 일단 신도들을 먼저 안정시키세요. 그리고 휴거 실패를 정식으로 선포하세요. 모호하게 말씀하시면 안 됩니다. 그게 더 혼란을 줄 수 있어요. 정확하게 '휴거 실패'를 말씀하셔야 합니다. 그리고 오늘 받은 헌금은 그대로 돌려주시며 집으로 돌아가라고 말씀하세요. 집회장 밖에 가족들과 경찰이 있습니다. 신도들 흥분시키면 안 됩니다.

'땡땡땡' 하고 K 목사는 단상 위에 있는 종을 울렸다. 신도들이 모두 눈을 휘둥그레 뜨고 서로를 쳐다봤다. 곳곳에서 '어~' '휴~' 등의 갖가지 한숨 소리가 터져 나왔다. 서로가 휴거되지 않은 상황에 대해서 놀라는 모습들이었다.

— 여러분 진정하세요. 우리 모두 휴거되지 않았습니다. 진정하세요. 우선 서울의 상황을 알아보겠습니다.

K 목사는 신도 한 명에게 서울 측에 연락을 취해보도록 했다. 그 사이에 신도들은 웅성거렸다. 탄식하는 한숨 소리도 계속 이어졌다. 어디선가 조용히 흐느끼는 소리도 귓가에 흘러들어오기도 했다. 다행히 고함을 지르거나, 반항하는 등의 모습은 보이지 않았다. 사이비 취재할 때 이런 순간이 제일 위험하다. 이성을 잃은 신도들은 무슨 행동을 할지 알 수 없다. 이런 상황에서는 그들 스스로 자해할 수도 있다. 잠시 후, 서울에서도 실패했다는 연락이 왔다. 신도들이 다시 웅성거렸다.

— 여러분, 오늘 우리는 완전히 실패했습니다. 여러분 조용히 집으로 돌

아가세요. 오늘 낸 헌금을 돌려드립니다. 밖에 가족이 오신 분은 가족과 함께 돌아가시고….

나는 K 목사 뒤편에 서 있었다. 그의 흔들리는 다리가 보였다. 그도 힘이 빠진 모양이다. 그래도 신도들이 안전하게 귀가하도록 끝까지 안내하려고 노력했다. 취재를 위해 그에게 질문을 보태는 게 미안했다. 지금 상황에서 그가 더 이상 무슨 말을 할 수 있을까. 신도들이 거의 돌아가는 것을 보고 나도 그곳을 철수했다.

TV를 켜니 서울의 다미선교회 상황이 실시간으로 계속 보도되었다. 그곳도 비슷했다. 경찰이 지켜보는 가운데 신도들이 머리를 숙이고 하나둘씩 집회장을 빠져나와 귀가하고 있었다. 서울에서도 큰 불상사가 발생하지는 않았다. 다행이다. 정말 다행이다. 그렇게 말 많고, 탈도 많았던 '1992년 10월 28일 종말 사건'은 이렇게 얌전히 막을 내렸다.

시한부 종말론은 종말의 특정 날짜를 내세우는 것을 말한다. 정통 기독교에서는 이러한 시한부 종말론이 잘못된 것이라고 언급했다. 이를 주장한 A씨를 이단으로 규정하기도 했다.

시한부 종말론 주장은 계속되고 있다. 비교적 최근에 나온 게 '2030년 4월 18일 종말설'이다. 그렇게 주장하는 이를 역시 직접 만났다. 그는 이런저런 계산과 이유를 내세우며 자신의 종말설이 확실하다고 주장했다. 그는 자신의 주장을 청와대와 방송국 등에 보냈지만 아무도 관심을 기울여주지 않는다며 답답해했다. 그는 자신의 주장이 확실하다는 증거로 그해

(2019년) 5월 19일부터 3일 동안 온 세상이 캄캄해지는 흑암 현상이 일어날 것이라고 말했다. 그 일이 발생하고 나면 사람들이 자신의 주장을 믿어줄 것이라고 했다. 그에게 반문했다.

— 만약 그 흑암 현상이라는 게 일어나지 않는다면 어떻게 할 것인가요.

— 확실합니다. 반드시 일어납니다.

— 만약의 경우입니다. 그 일이 나타나지 않는다면….

— 뭐~ 사과해야죠.

　그는 '사과하면 된다'는 식으로 대수롭지 않다는 듯 말을 했다. 결과는 어땠을까? 2019년 5월 19일, 그가 주장한 흑암 현상이라는 게 일어나지 않았다. 그에게 다시 연락을 취했다. 흑암 현상에 대해 다시 물었다. 그는 결국 사과했다.

또 다른 시한부 종말론자 이야기다. 그는 '2009년 5월 8일 종말'을 주장했다. 그는 자신을 '종말의 사명자'라고까지 언급했다. 그는 종말을 올바르게 맞기 위해서는 모든 이들이 자신이 소유하고 있는 건물, 땅 등을 팔아 그 돈을 천국 계좌에 입금해야 한다고 주장했다. 그리고 모든 호적을 깨끗하게 정리하고 그날(5월 8일)에는 벌거벗은 채로 종말을 기다리고 있어야 한다는 등 얼토당토않은 주장들을 펼쳤다. 또한 부부 관계, 부모와 자식 관계 등 모든 호적을 없애고 독립 세대가 되어야 한다고도 했다. 그는 이렇듯 황당한 자신의 주장들을 모아 책으로 출판하기도 했다. 《그가 오신다》라는 제목의 소책자를 만들어 전국 약 1만 곳에 우편 발송했다.

나는 교주다

그를 만나 직접 그의 목소리를 들어보았다.

— 2009년 5월 8일 종말설은 어떻게 주장하게 된 것인가요?

— 신으로부터 직접 계시를 받은 것입니다.

흔히 직통계시라고 부른다. 신으로부터 직접 계시를 받았다는 행위를 말한다. 대부분의 사이비 교주들은 이러한 직통계시를 신뢰하고 또 그것을 추구한다. 그에게 또 다른 질문을 던졌다.

— 소책자 1만 권을 전국에 우편으로 배포하셨는데, 그것을 받지 못한 이들은 2009년 5월 8일 종말에 참여하고 싶어도 못 하는 것 아닌가요? 그들은 어떻게 되는 건가요?

— 그것에 대해서는 나도 잘 모르겠습니다.

그에게 계시를 주었다는 신은 너무도 무책임한 게 아닌가? 1만 권의 소책자를 받지 못한 이들은 어떻게 하라는 말인가. 계속해서 질문을 던졌다.

— 종말을 맞이할 때 실오라기 하나 걸치지 않은, 벌거벗은 모습으로 있어야 한다고 했는데, 왜 그런 것인가요? 옷을 입었다는 게 종말에 참여하는 것과 무슨 관계가 있나요?

— 그냥 그렇게 계시를 받았을 뿐입니다. 그 이상은 저도 모릅니다.

그의 이야기를 들으면서 왠지 그가 안쓰럽다는 마음이 들었다. 또한 그의 의식 속에 '탈출'이라는 마음이 가득한 것 같다는 생각도 들었다. 그가 살아온 인생 이야기를 들어보니, 가시밭길을 걸어온 것과 같았다. 가난은 늘 그의 친구였다. 또한 어려서부터 그는 신경 쇠약, 노이로제 증세로 시달려왔다고 했다. 먹을 것도 없이 가난했던 시절에 치료약은 꿈도

꾸지 못할 일이었다. 이후 월남전 파병으로 고엽제로 인한 후유증도 앓고 있다. 지금도 그 고엽제 치료약을 복용하고 있다. 최근에는 자주 기억력 쇠퇴를 겪는 등 뇌경색 증세도 나타난다고 했다. 그에게 계속해서 질문을 던졌다.

— 만약 그날 종말이 안 오면 어떻게 하시겠어요?

— 내 믿음은 확실합니다.

— 만약의 경우예요. 그날 종말이 불발되면 어떻게 하시겠습니까.

— 그러면 내가 거짓 선지자가 되었으니, 교도소에 가야 할 것 같아요.

대답하는 그의 목소리는 점점 작았다. 자신 없어 보이는 작은 목소리로 그는 말했다.

시한부 종말설은 과거부터 지속되어 왔다. 1998년 9월 11일 종말설, 1999년 12월 31일 종말설, 2011년 5월 21일 종말설, 2011년 11월 15일 종말설, 2017년 9월 21일 종말설 등 국내외를 망라하고 있다. 유튜브나 다른 SNS 등을 통해 그들 모임은 유지되고 있다. 국가 간 전쟁이나 파괴적인 자연현상 등 두려운 상황이 발생하면, 언제든지 또 다른 시한부 종말설이 튀어나온다.

나는 교주다

— 믿음의 눈으로 보면 완치된 게 보여요.
교주님은 믿음이 부족한가 봐요

교주의 안수 한 번이면 모든 불치병이 깨끗하게 낫는다는 홍보물을 받았다. 중병 환자나 그 가족들 입장에서는 이런 것을 결코 그냥 흘려보낼 수 없다. 비록 그 광고 내용에 허점이 많아 보여도 말이다.

문제의 홍보물 아래에는 영상 링크도 달려 있었다. 인터넷을 켜고 그곳으로 접속하면 교주의 치유 장면이 동영상으로 나타난다. 그 영상을 보면 휠체어에 앉아 걷지 못하는 이가 교주에게 안수받은 후 즉석에서 일어나 걸어가는 장면이 펼쳐지고, 허리가 거의 90도로 굽혀졌던 노인이 역시 교주의 안수 후 꼿꼿하게 펴지는 광경 등, 기적과 같은 질병 치유가 이어진다. 사실이라면 말 그대로 '기적' 그 자체다. '혹시 내게도….'라고 생각하는 순간, 허술한 전단지는 육신이 아픈 이들에게 희망의 소식지로 돌변한다.

교주의 안수를 통해 병이 나았다고 하는 신도들은 천여 명의 신도들 앞에서 즉석 간증도 한다. 자신의 질병이 완전히 치료되었다고 고백하는 순간이다. 이때 신도들의 환호성은 하늘을 찌를 듯 폭발한다. 왜 안 그러 겠는가. 기적이 일어났는데….

그 교주의 안수 치료는 매년 5월 둘째 주, 일주일 동안 정기적으로 진행된다. 연초가 되면 미리 안수 치료 순서에 등록하느라 교주의 단체에는 인산인해를 이룬다.

이 교주에 대해서 취재를 해야 할까 말아야 할까를 고민하고 있을 때, 전단지 아래쪽에 5명의 사진이 눈에 들어왔다. 교주 안수로 인해 불치병이 완치되었다는 이들의 얼굴 사진이었다. 사진 옆에는 간단하게 신도의 이름과 병명 그리고 소속 단체명이 적혀 있었다. 아래와 같은 식이다.

'○○○ 혈액암, □□□ 집사 5살 여아, 완치.'

치유 집회의 확실한 증거를 제시하겠다는 주최 측의 의도겠지만, 그 문구를 읽는 순간, 오히려 '이게 사실일까'라는 의문을 갖게 됐다. 설마 이렇게 큰 단체에서 거짓말로 홍보할 수 있을까 하는 생각이 들었지만, 계속해서 확인해보고 싶었다. 전단지의 내용이 100퍼센트 진짜인지를 말 이다.

─여보세요? 광고 전단지를 보고 연락드립니다.

곧바로 그 단체에 전화를 걸었다. 광고 전단지를 보고 그 교주의 안수에 매우 큰 관심이 생겨, 안수를 적극적으로 받고 싶어하는 인물로 나 자신을 설정했다. 흔히 있을 수 있는 전화 상담이었다. 그러면서 완치 판정된 어린이의 보호자로 전단지에 명시된 □□□ 집사와 연락하고 싶다고 했다. 전화를 받은 이는 친절했다. 그러나 연락처를 알아내는 건 쉽지 않

나는 교주다

았다. 종일 계속해서 묻고 물었고 다음날까지 문의했다. 노력 끝에 간신히 그 □□□ 집사와의 전화통화가 이루어졌다.

— 광고 내용이 사실인지 확인해보고자 연락드렸습니다.

— 아….

그는 한참 말을 머뭇거렸다. 분위기가 좋지 않았다. 광고 내용이 사실이라면, 자녀가 교주의 안수를 통해 기적적으로 치료되었다고 좋아하고, 기뻐하며 반응을 보였을 텐데 그는 그렇지 않았다. 무거운 한숨만 계속 내뱉었다. 그는 오히려 내가 누구냐고 물었다.

— 그런데 누구신가요? 누구신데 저를 이렇게 찾으셨나요?

— 네, 사실 저는 기자입니다. 교주 안수 내용을 확인하고자 이렇게 연락을 드린 것입니다.

그는 '기자'라는 말을 듣고, 잘된 일이라 판단을 했는지 그동안의 일들을 시원하게 말해주었다.

— 우리 아이가 교주의 안수를 받고 정말 치료된 줄로 알았어요. 그러나 아이는 그 질병으로 사망했어요. 얼마 전, 장례까지 다 치렀어요. 그리고 우리 부부는 다음 달에 프랑스로 떠나요. 아예 돌아오지 않을 거예요. 우리는 이제 그곳 신도가 아니에요. 그곳을 나왔어요. 그 교주 이야기를 다시 꺼내고 싶지 않네요. 그만 전화 끊을게요.

그는 짧게 말하고 수화기를 내려놓았다. 무엇인가 단단히 상처를 받은 모양 같았다. 그를 직접 만나서 보다 자세한 이야기를 듣고 싶었으나, 그는 더 이상 전화를 받지 않았다. 그 교주 안수 치료는 역시 '가짜'라는 생

각이 진하게 들었다. 좀 더 확실하게 취재하고 싶었다. 다시 그 전단지를
살펴보았다.

'10센티 짧은 다리 완치, △△대학교 ◇◇◇.'

한쪽 다리가 10센티미터가 짧은 한 여자 대학생이 교주의 안수 치료를
받은 후, 완치되었다는 홍보 내용이었다. 이것을 한 번 더 확인해보기로
했다. 먼젓번 환자보다 더 분명하게 완치 여부를 가릴 수 있다고 판단했
다. 이제는 그 학생을 찾아야 한다.

△△대학교로 무작정 찾아갔다. 운동장 한쪽 벤치에 잠시 앉았다. 이 넓
은 대학교에서 ◇◇◇을 어떻게 찾을 수 있을까? 학과 이름이라도 알면
쉬울 텐데, 아는 정보는 학교와 이름밖에 없었다. 어찌할까? 간혹 미련한
게 지혜의 길일 수 있다. 다짜고짜 지나가는 학생을 붙잡고 ◇◇◇ 이름을
대며 물었다. 필요할 경우 전단지에 나와 있는 사진도 보여주었다. 3시간
정도 흘렀다. 역시 한양에서 김 서방 찾기와 같다고 생각하면서, 지나가
는 여학생들에게 ◇◇◇을 아느냐고 물었다.

— 아, ▽▽과에 있는 학생 같은데….

오히려 그 여학생들이 '혹시 다리를 좀 저는 학생 아닌가요?'라고 되
물었다. 맞다. 그 학생이다. 그동안 ◇◇◇ 이름으로만 찾으려고 했었다.
나 자신의 모습에 어이가 없었다. 다리 상태의 정보가 그때 비로소 나에
게 다시 인식됐다.

▽▽과 사무실로 달려갔다. ◇◇◇이 그 과 학생인 게 맞았다. 지금은

나는 교주다

수업 중이라고 했다. 학과 사무실에 내 연락처를 남기고 그 학생에게 꼭 전해줄 것을 부탁했다. 30여 분 후 ◇◇◇으로부터 전화가 왔다. 나는 교주 안수 치료의 일로 꼭 만나고 싶다고 했다. 그가 허락했다. 이제 그의 상태를 확인하기만 하면 된다. 운동장 한쪽 의자에 미리 자리를 잡았다. 카메라를 켰다. 그가 걸어오는 모습을 그대로 촬영하기 위해서다.

드디어 그녀가 나타났다. 운동장을 가로질러 내가 있는 곳으로 조금씩 가까이 걸어왔다. 그런데 그의 걸음걸이가 불편해 보였다. 누가 봐도 그렇게 보였다. 그럼 그렇지…. 교주에 대한 의심이 점점 확신으로 바뀌는 순간이다. 이제 그녀의 생각을 들어볼 차례다. 그는 이것을 무엇이라고 변명할까?

그녀에게 명함을 주고 간단한 통성명을 했다. 전단지를 보여주었다. 전단지 내용이 사실인지 확인하고 싶어서 찾아왔다고 했다. 그러자 그의 표정이 굳어졌다. 목소리도 퉁명스러웠다.

— 이 전단지에 나온 간증자가 학생 본인 맞죠?

— 네, 맞아요. 저예요.

— 교주에게 안수받은 후, 한쪽 다리가 10센티 길어져 정상으로 되었다고 했는데, 맞나요?

— 네, 그래요. 이제 완치되어 정상으로 되었어요. 그게 왜요?

— 그래요? 지금 걸어오시는 모습을 보면, 누가 봐도 불편해 보이는데….

그 여학생은 나를 '빤~히' 쳐다봤다. 그리고 나를 향해 이렇게 내뱉었다.

— 믿음의 눈으로 보면 완치된 게 보여요. 난 완치되었다고 믿어요. 그러면 된 것이죠. 무엇이 문제인가요? 기자님은 믿음이 있으세요?

그 여학생에게 '완치'는 객관적인 사실이 아니라, '믿음'의 문제라고 말했다. 자신이 완치되었다고 믿었다면 그만이라는 식이다. 그녀는 사람들 앞에서 완치되었다고 간증까지 한 바 있다. 그것에 대해 지적하니 오히려 '완치'에 대해 의문을 품는 나의 믿음을 탓했다. 교주의 거짓 안수 탓, 또는 자신의 맹신 탓이라고 판단해야 정확한 게 아닐까? 그 여학생은 사이비 교주에 제대로 꽂힌 모양이다.

약 일주일 후, 그 사이비 교주의 안수 치료 집회가 시작되었다. 집회 모습이 인터넷으로 실시간 중계됐다. 1천 명 이상의 많은 신도가 모였다. 그 교주의 설교 시간이 끝난 후 본격적인 안수 치료 시간이 왔다. 그 교주의 안수를 받고자 많은 신도들이 줄을 섰다. 교주의 안수 후 신도들은 자신의 질병이 완치되었다고 즉석에서 간증했다. 여전히 동일했다. 그 신도들 중 일부가 내년에 배포될 전단지에 자신의 이름과 병명이 올려질 것이다.

몇 년 후 어처구니없는 일이 발생했다. 그 교주가 병원에 입원했다는 소문이다. 확인해보니, 교주의 뇌에 문제가 생겨 입원 치료 중이라고 했다. '엥~?' 병원에서조차 치료 못 한다는 불치병도 자신의 안수 행위로 치료해준다는 교주가 병원 신세라니…. 사람이 아프다는 소식이지만 나는 먼저 허탈하게 웃지 않을 수가 없었다. 자기 손을 자기 머리에 그대로 얹으면 그만 아닌가? 하하…. 참, 할 말을 잃게 만든다.

나는 교주다

— 100만 원 이상 헌금하실 분부터!

외국에서 온 교주님

'치유 집회'는 언제나 인기가 있다. 그런 집회 홍보물은 신문 광고, 벽보, 현수막, SNS 등으로 늘 우리 주변에서 발견된다. 보통 사람들의 눈에는 무심히 지나가는 스팸 광고겠지만, 몸이 아픈 사람이나 그 가족들에게는 그렇지 않다. 중환자나 불치병자에게는 더욱 그렇다. '기적'을 기대하는 이에게는 더더욱 그렇다.

'사명자 신유·은사 특별 대성회'라고 적힌 치유 집회 광고가 내 눈에 들어왔다. 숱한 치유 집회 팸플릿 가운데 특별하게 느껴지는 지점이 있었다. 치유 행위를 한다는 이가 외국인이었다. 그것도 아프리카에서 왔다는 흑인 교주다.

그는 아프리카 전통 복장과 같은 흰색 바탕에 화려한 무늬가 들어간 긴 옷을 입었다. 광고는 이 외국인 교주를 특별한 능력자, 안수자, 기적의 치유자 등으로 소개했다. 그러면서 교주의 사진을 광고 전면에 크게 보이도록 배치했다. 아프리카의 신비스러운 그 무엇을 연출하려는 듯했다. 아프리카의 '특별한 교주'의 특별한 치유 집회인 셈이다.

전단지 뒷면에는 그 교주의 능력을 소개했다. 그 내용도 눈에 '확~' 들어왔다. 아예 대놓고 '죽은 자도 살린다'라고 광고하고 있었다.

'죽은 자를…?'

이 정도면 신과 같은 존재 아닌가? 누가 그런 광고를 믿을까? 아니, 믿는 사람이 있으니 이런 광고를 내는 게 아닐까? 전단지 뒷면에 실린 그 교주의 홍보 내용은 이랬다.

— 이 ○○(교주)는 그간 신유 사역을 통해 장사 지낸 죽은 사람까지도 살리는 기적과 아프리카에 만연되고 있는 에이즈 환자뿐 아니라 중풍, 앉은뱅이, 자폐증, 당뇨, 심장병, 눈먼 자 등 갖가지 난치병들이 신의 능력으로 치유되는 역사를 이루고 있다. 지금까지 6명의 죽은 자를 신의 이름으로 살렸다. 아프리카 전역에 300개의 지교회와 고아원에서 1500명의 어린이를 양육하고 있다. 검은 대륙 아프리카가 낳은 세계적인 신유 은사자, 예언의 은사 사역자.

그 교주는 치유 집회 일정도 공개됐다. 5월 24일 입국, 7월 12일 출국 때까지 49일 동안 모두 14곳에서 집회가 진행된다고 했다. 장소는 교회와 기도원 그리고 호텔 등이었다. 그는 이미 3년 전에 한국에 와서 집회를 한 바 있다고도 했다. 그때 성과가 좋았기 때문인지 집회의 수가 크게 늘었다는 것이다.

나는 교주다

그 외국인 교주의 치유 집회라는 것을 직접 취재해보기로 했다. 정말 한국에서 볼 수 없었던 아프리카의 독특한 치유의 능력이 나타나는 것인지, 아니면 또 다른 형태의 사기인지 가려보기로 했다.

첫 번째 집회는 서울 강남구 대치동에서 개최됐다. 집회장이 사람들로 꽉 들어찼다. 5백여 명이 운집했다. 생각보다 꽤 많은 사람들이 모였다. 일반 신문 광고 면을 통해 홍보를 많이 한 까닭도 있겠지만 그만큼 '치유 집회'에 대한 사람들의 관심도가 매우 크다는 증거이기도 할 것이었다.

집회가 시작됐다. 노래 등 분위기를 띄우는 시간이 지나가고, 교주가 등장하는 시간이었다. 광고지에서 본 것과 비슷한 하얀색 도포 같은 옷을 입은 흑인 교주가 등장했다. 그는 영어로 말을 했고 한국인 여자 통역사가 나와 통역했다. 그 교주는 1시간이 넘도록 강연을 길게 했다. 그의 강연에서 특별한 내용은 발견되지 않았다. 참석한 대부분의 사람들도 그의 강연을 기대한 것은 아닌 듯 지루한 표정을 내보이기도 했다. 교주는 자신의 치유 행위가 이론으로 잘 준비된 것임을 보여주려는 듯해 보였다.

드디어 본격적인 교주의 실력을 보여줄 시간이 왔다. 그는 과연 무엇을 보여줄 수 있을까? 어떤 행동을 할까? 흔히, 헌금 봉투-방언-통역-직통계시-안수-쓰러짐-간증 등의 여느 사이비 교주들이 행한 행위를 반복하는 것은 아닐까? 나도 그 교주의 행위에 관심을 기울였다.

그 교주는 치유 집회를 하겠다고 말했다. 참석한 이들은 귀를 쫑긋 세우며 조용히 그를 주목했다. 그런데 그 교주가 행한 첫 번째 말은 '집회에 참석한 사람들 중에 사업하는 이는 그 자리에서 일어나세요'였다. 사업하는 이들을 위해 자신이 먼저 특별한 기도를 해주겠다는 것이다. '아~' 무엇인가 시작부터 의도가 보이는 듯했다. 참석한 이들도 뜻밖의 요구라고 느꼈는지 아무도 일어나지 않았다. 물론 앞자리의 2~3명은 처음부터 벌떡 일어났다. 그들은 소위 작전 세력이라 할 수 있다. 작은 사업이든, 큰 사업이든 자신의 사업을 하는 이들은 모두 자리에서 일어나라며, 교주가 계속 강조하자 몇몇 사람들이 계속 일어났다. 둘러보니 30여 명이 자리에서 일어났다.

교주는 그들을 향해 두 팔을 뻗었다. 기도하겠다고 했다. 아프리카 특유의 억양이 섞인 영어로 짧지 않게 기도했다. 통역도 동시에 따라갔다. 교주는 기도한다면서 들었던 팔을 종종 흔들기도 '획~ 획~' 휘젓기도 했다. 자신의 기도로 참석자들 특히 사업을 한다는 이들의 마음을 열려는 듯해 보였다. 교주는 기도하면 사업하는 이들에게 '복'이 내려올 것이라고 강조했다.

그 기도가 끝났다. 교주는 '지금부터 치유를 위한 특별 안수를 하겠다'고 말했다. 이제부터 본론이다.

— 특별 안수부터 시작하겠다고 합니다.

통역자가 전했다. 그다음 말에 내 눈이 번쩍 뜨였다. '엥~'이라는 반응이 나왔다. '이번 집회의 핵심이 이것이겠구나'라는 판단이 들었다. 아니나 다를까 다음과 같은 말이 들렸다.

— 100만 원 이상 헌금하실 분부터 안수를 하겠습니다.

나는 교주다

교주는 '100만 원 신도'를 찾고 있었다. '100만 원짜리' 안수를 받을 사람은 손을 들라고 노골적으로 재촉했다. 참석한 이들도 사뭇 놀라는 눈치였다. 교주는 '특별한 능력, 축복' 등을 입에 담으며 계속 '100만 원 신도'를 찾았다. 앞줄 작전 세력 3명이 처음부터 벌떡 일어났다. 교주는 그 3명을 향해 과한 칭찬을 쏟아냈다. 그리고 계속해서 '100만 원 신도'를 불렀다. 이때 맨 뒷자리에 서 있었던 30여 명의 집회 참석자들이 집회장을 빠져나갔다. '더 이상 볼 게 없다'고 판단한 모양이다.

교주는 퇴장하는 이들의 모습을 보고 크게 신경 쓰지 않는 듯했다. 자신의 집회에서 그런 일이 자주 발생했기 때문으로 보였다. 앞서 일어났던 사업하는 이들 중 상당수가 '100만 원 신도'로 일어났다. 모두 교주의 사전 계략이었던 것이다. 교주가 그들을 단상 앞으로 불렀다. 그리고 교주는 준비된 봉투를 하나씩 그들에게 나눠주었다. 그리고 100만 원 헌금하겠다는 말을 쓰고 서명을 하고 다시 제출하라고 했다. 또한 3일 안에 알려준 계좌로 송금해야 한다고 강조했다. 이렇게 해야 자신의 특별한 안수의 효과가 크다고 했다. 신의 능력도 결제가 앞서야 한다는 식이다. 이런 게 '헌금'인가? 탈취라고 해야 하지 않을까?

앞에 나간 신자들은 교주가 하라는 대로 봉투에 서명하고 제출했다. 교주는 '100만 원 신도'를 한 줄로 서도록 정렬했다. 남녀 가리지 않고 서로 손을 잡으며 자신을 바라보게 했다. 신도들은 처음 보는 옆 사람과 엉거주춤하게 손을 잡고 교주를 주목했다. 이때 교주는 알 수 없는 병 하나를 꺼냈다. 그는 아프리카에서 가져온 '특별한 기름'이라고 소개했다.

그 교주에게 특별하지 않은 게 무엇이 있을까? 교주는 그 '특별한' 기름을 사용해서 '특별한' 안수를 해주겠다 했다.

교주는 횡렬로 서 있는 '100만 원 신도' 중 첫 번째 사람 앞에 섰다. 그는 작전 세력의 신도였다. 교주는 기름병 뚜껑을 열었다. 회중 뒷부분에 앉은 나에게 그 기름 냄새가 전달되지는 않았다. 교주는 왼손으로 기름병을 잡고 오른손 엄지손가락으로 그 병 입구를 막았다. 이후 병을 뒤집었다가 제자리로 돌려놓는 행위를 몇 차례 반복했다. 기름이 오른쪽 엄지손가락 지문이 있는 부위에 살짝 묻도록 한 행위다.

교주는 첫 번째 신도에게 '심호흡을 3번 하라'고 지시했다. 그 신도의 심호흡 소리가 내 귀에까지 들렸다. 그러자 교주는 기름이 묻은 자신의 오른쪽 엄지손가락을 그 신도의 이마 가운데에 대고 살짝 누르며 그 신도를 밀었다. 마치 도장을 찍는 듯한 행동이었다. 그리고 이렇게 주문했다.

—터치touch~

교주의 '터치'라는 말은 부드러웠다. 그렇지만 그의 엄지손가락은 신도를 강하게 밀었다. 그러자 그 신도가 잠시 자리에 주저앉는 등 자세가 흔들렸다. 첫 번째 신도의 흔들림은 바로 옆 신도에게 그대로 전달됐다. 서로 손을 잡고 있었기 때문이다. 교주는 자신의 발을 왼쪽으로 한 발 옮겼다. 두 번째 신도 앞에 섰다. 동일하게 기름병을 흔들어 자신의 오른쪽 엄지손가락에 묻게 했다. 또한 그 손가락을 두 번째 신도의 이마에 대고 밀면서 조금 더 강하게 말했다.

— 고우go~

　　　　　　　　　　　　　　　나는 교주다

두 번째 신도의 몸이 더 흔들렸다. 선행학습 효과 때문인 것으로 보였다. 두 번째 신도의 몸의 움직임은 역시 그 옆 신도에게 그대로 전달됐다. 아프리카에서 온 '특별한' 교주의 '특별한' 치유 안수라는 것은 이렇게 계속 진행됐다. 중간쯤에 위치한 어느 여성 신도는 교주의 안수를 받고 혼절한 듯 그 자리에서 쓰러져 눕기도 했다. 내가 눈여겨보았던 소위 작전 세력의 한 명이었다. 이런 식의 안수가 진행되자 집회장이 조금은 술렁거리기 시작했다. 그 모습을 가까이서 보려고 앞줄로 나오는 이들도 꽤 많았다. 뒷자리에 있던 참석자들은 대부분 일어나서 그 광경을 바라보았다. 나도 자리에서 일어나 지켜봤다.

교주가 '100만 원 신도'를 모두 자기 자리로 돌아가게 했다. 이후 '50만 원 신도', '10만 원 신도'를 각각 불러냈다. 헌금을 약정하라며 봉투를 먼저 내미는 것과 기름 묻은 손가락, 신도 심호흡, 그 손가락으로 신도 머리를 밀며 터치 또는 고우라고 소리 내는 등의 모든 순서가 동일했다. '100만 원 신도'와 '50만 원 신도' 그리고 '10만 원 신도'의 차이는 거의 없었다. 신도들이 약정한 돈의 액수만 다를 뿐이었다.

죽은 자까지도 살린다고 홍보했던 그 교주의 치유 집회라는 게 너무 싱거웠다. 이번 집회에서는 질병을 치유한다는 교주의 행위는 특별히 보이지 않았다. 단지 돈을 거둬들이는 행위밖에 한 게 없어 보였다. 그래서 그 교주의 집회를 한 번 더 참석해보기로 했다. 이틀 뒤 의정부 모 단체에서 또 다른 집회가 열렸다. 이곳에도 약 4백 명의 신도가 모였다.

집회가 시작되고 교주가 단상에 나타나기까지의 준비 과정은 비슷했다. 드디어 교주가 등장하는 시간이 됐다. 교주가 단상에 올랐다. 그는 잠시 눈을 감고 신으로부터 한 메시지를 받았다고 했다. 그런 후 교주는 '오늘 이 자리에 마음으로 심하게 고통받고 있는 사람이 있다'고 했다. 그에게 자신의 능력을 한번 보여주겠다는 식으로 말했다. 지난번 치유 집회가 너무 싱겁게 끝났다는 나의 취재 상황을 파악했는지, 그가 새로운 모습을 보여주려고 한 것이다. 그는 참석자들을 향해 이렇게 말했다.

— 이곳에 성폭행을 당한 것으로 괴로워하는 이가 있습니다.

그 교주는 마치 즉석에서 사람의 마음과 상태를 꿰뚫어 보는 듯한 말을 했다. 교주는 집회 참석한 여성 중에 성폭행을 당해서 괴로워하는 이가 있다고 말했다. 교주는 그 여성의 마음을 치유해주겠다고 했다. 그 교주에게 정말 신비스러운 예지 능력과 같은 것이 있는지, 아니면 사전 정보를 통해 집회에 참석한 이들을 현혹시키려는 것인지 끝까지 점검해보고 싶었다. 교주는 집회 참석자 모두 눈을 감으라고 했다. 그리고 그 피해자를 불렀다. 그에게 손을 들어 표시하라고 했다. 성폭행 피해는 사람들에게 드러내는 것이 또 다른 피해가 될 수 있다. 정말 조심해야 한다. 집회 참석자들 모두를 눈을 감게 하고 피해자에게 손을 들어 표해달라고 한 것까지는 긍정적이라 할 수 있다. 그런데 이후가 문제였다. 그 교주는 피해자에게 단상 앞으로 나오라고 했다. '엥~' 이게 무슨 일인가? 그러면 참석자들에게 눈을 감으라고 한 것은 무슨 의미가 있는가? 피해자가 머뭇거리며 자리에서 나오지 않으니, 교주가 재차 요구했다. 자신이 있는 곳으로 나오라고 말이다. 집회 주최 측도 말리지 않았다. 집회는 그대로 진행됐다. 피해자는 교주 앞으로 나갔다. 교주는 그 피해자 머리에 손을 얹었다. 그리고 마음과 같이 말했다.

—터치~

집회 참석자들은 이미 모두 눈을 뜨고 그 광경을 바라보고 있었다. 교주가 안수한다며 피해자의 머리를 살짝 밀었기 때문인지 피해자는 자리에 잠시 주저앉았다. 이후 그녀는 두 손으로 얼굴을 가린 채 자기 자리로 돌아왔다.

이때 교주는 대중을 향해 마이크를 들고 성폭행당했다는 피해자의 마음이 자신의 안수를 통해 치유되었다고 선포했다. 장내는 웅성거렸다. 박수치는 사람들이 많았다. 교주의 능력이 나타났다며 분위기가 한껏 달아올랐다. 나는 피해자를 쳐다보았다. 그녀도 박수를 치며 기뻐했을까? 마음의 상처가 치유되었다며 좋아했을까? 아니다. 그녀는 계속해서 자신의 두 손으로 얼굴을 가린 채 엎드려 있었다. 울고 있는 것처럼 보이기도 했다.

이후 그 교주의 이전 집회에서 행했던 안수 행위를 진행했다. 100만 원 신도, 50만 원 신도 그리고 10만 원 신도들이 차례대로 불려나갔다. 마찬가지로 '약정 헌금 봉투-기름 묻은 손가락-신도 심호흡-터치 또는 고우' 등의 안수 행위가 이어졌다. 단상 위에는 교주의 안수를 받고 쓰러진 10여 명의 신도들이 있었다.

집회가 끝났다. 교주에게 안수받았다며 쓰러졌던 이들이 모두 자리에서 일어났다. 이제 집으로 돌아갈 시간이다. 교주와 집회 주관자들은 미리 집회장을 빠져나갔다. 신도들도 퇴장하는 중이었다. 나도 천천히 자리에서 일어나 나가는 중이었다. 이때 갑자기 한 여성의 고함소리가 크게 들렸다.

— 아악~ 악~

그녀는 자신의 머리를 마구 흔들며 소리를 질렀다. 앞의 의자를 흔들기도 했다. 비정상적으로 흐느끼며, 소리를 지르며 또 울기도 했다. 밖으로 나가던 사람이 발을 멈추고 모두 그곳으로 얼굴을 돌렸다. 나도 그녀를 쳐다보았다. 도대체 누구인가? '아~' 조금 전 성폭행 당했다며 교주에게 불려나가 안수라는 것을 받았던 그 여인이었다. 어머니로 보이는 한 여인이 담요로 그녀를 덮고 달래주고 있었다. 그 둘은 고통스러운 듯 함께 울고 있었다. 그 모습을 보는 내 마음이 너무 아팠다. 도대체 누구를 위한 안수였는가? 정말 성폭행 피해자를 위한 것이었을까? 아니면 교주 자신의 주머니를 채우기 위한 '쇼'였을까?

이틀 뒤, 이어지는 그 교주의 집회에 한 번 더 참석해보기로 했다. 집회 후반, 젊은 부부가 휠체어에 눕다시피 한 아이를 데리고 교주 앞으로 나왔다. 6~7세 정도로 언뜻 보아도 그 아이의 상태는 심각해 보였다. 그 부부는 교주에게 다짜고짜 아이의 상태에 대해 설명했다. 아이의 병을 고쳐달라고 요청했다. 지푸라기라도 잡고자 하는 부모의 심정이었다. 그 부부의 면접은 예정에 없었던 일이었다. 교주와 주최 측은 약간 당황한 듯 보였다. 그러나 교주 앞에 부모와 아이가 와 있었다. 집회 관중은 모두 그것을 지켜보고 있었다. 그러자 교주는 당당하게 그 아이 앞으로 가까이 다가갔다. 집회 관계자들도 그저 바라만 보고 있었다. 나는 죽은 자도 살린다고 홍보했던 아프리카에서 온 교주의 진짜 능력이 나타날 수 있는 절호의 기회라고 생각했다. 과연 어떻게 되었을까?

그 교주는 그동안 해왔던 방식대로 아이의 머리 위에 기름을 바르는 등의 안수 행위를 했다. 그 아이의 눈 바로 앞에서 자신의 손가락을 왔다 갔다 움직였다. 아이 눈동자의 반응을 보려는 모양이다. 또 아이의 귓전에 손가락을 '틱틱' 튕겨보기도 했다. 시력과 청력의 변화를 기대한 모양이다. 아이는 아무런 반응을 보이지 않았다. 집회에 참석한 모든 이들도 숨죽이며 그 장면을 바라보고 있었다.

아이에게 어떠한 반응이 나타나지 않자, 교주는 갑자기 모든 집회 참석자들에게 함께 기도하자고 요구했다. 환자 치유를 위해 함께 기도하자는 것이다. 약간은 뜬금없는 발언이었다. 그동안 그의 집회를 따라다니며 참석해봤지만, 회중에게 기도를 요구한 적은 없었다. 그래도 참석자들이 간절한 마음으로 기도했다. 약 10분이 흘렀다. 꽤 긴 시간이었다.

교주는 그 아이에게 한 발 뒤로 물러나 허리를 폈다. 그는 두 팔을 들어올렸다. 그리고 이렇게 큰 소리로 선포했다.

— 이 아이는 완치되었습니다.

— 와~ (함성)

교주의 '완치' 선언이 나오자 큰 함성과 함께 우레와 같은 박수가 터져나왔다. 그 순간 주최 측 사람들이 그 아이의 휠체어를 앞쪽 출입문을 통해 빠르게 밖으로 끌고 나갔다. 젊은 부부는 덩달아 아이 휠체어가 가는 방향으로 따라 나갔다.

'어~ 아닌 것 같은데….'

내 눈에 그 아이의 상태는 변하지 않았다. 움직임이 없었다. 교주의 '완치 선언'에 부모는 당황하는 듯 보였다. 회중의 반응만 보면 마치 기적이 일어난 것 같았다. 그런데 좀 더 확실하게 점검이 필요해 보였다. 나는 확인하고 싶었다. 나는 순간 뒷문으로 나가 앞 출입구 쪽으로 달려갔다.

사람들이 아이를 휠체어 그대로 자동차에 싣고 있었다. 시간이 걸리는 일이었다. 다행이다. 나는 기다리고 있는 그 부모를 만났다.

— 아이가 정말 완치된 게 맞나요?

— ….

부모는 그때야 상황을 판단한 모양이다. '그렇다', '아니다' 등 어떤 말이 없었다. 자동차에 실려지는 아이의 상태는 그대로였다. 양팔은 힘없이 축~ 늘어져 있다. 눈에 초점도 없었다. 집회 관계자는 그 부모에게 빨리 차에 타라고 소리를 질렀다. 부모 역시 혼란으로 약간 '멍~'한 상태였다. 차는 아이에 이어 그 부모까지 태우고는 곧바로 어디론가 떠나버렸다. 또 다른 집회 관계자 한 사람이 나에게 다가왔다. '당신 누구야~'라고 험하게 말하며 물러날 것을 요구했다.

집회가 끝났다. 모두 자리에서 일어나 돌아가는 시간이다. 나는 교주를 직접 만나고 싶었다. 정식으로 인터뷰를 하기 위해서다. 물론 조금 전 상황에 대해서 묻고 싶었다. 그 아이가 정말 완치되었는지 등에 대해서,

또 관계자들이 그를 어디로 데려갔는지 등에 대해서 물어보고 싶은 게 많았다.

교주와 집회 관계자들이 들어간 방에 노크했다. 문을 열고 들어가니 교주와 함께 집회 관계자들 여러 명이 소파에 편하게 앉아 있었다. 집회 후 담소를 나누고 있는 듯했다. 나를 쳐다본 교주가 반갑다는 듯이 손을 흔들었다. 아마도 자신의 집회를 계속 따라다녔던 것을 기억한 모양이다. 나도 반갑다며 손을 흔들었다. 나는 기자임을 밝혔다. 교주와 인터뷰를 원한다고 했다. 그러자 집회 관계자들이 일어나 나를 막았다. 교주와 인터뷰를 할 수 없다며 나를 밖으로 밀었다. 나는 재차 교주 이름까지 크게 부르며 인터뷰를 하고 싶다고 했다. 집회 관계자는 '필요 없다'며 나를 계속 쫓아냈다. 2~3명의 덩치 있는 이들로 인해 나는 밖으로 내쫓겼다.

　무엇을 위한 집회인가? 치유한다는 집회가 맞는가? 치유라는 이름의 '쇼' 아닌가?

— 5센티의 파동이 느껴졌습니다.

뻔뻔해야 살아남는다

수맥봉. 땅속 물길 등을 찾을 때 사용하는 도구다. 보통 구리로 만든 직각
(L자형)으로 꺾인 봉 두 개가 쓰인다. 그런데 그것으로 암을 진단하고 또
치료까지 해준다는 교주가 있다는 제보가 들어왔다. 수맥봉으로? 처음
이 제보를 처음 받았을 때, '참! 별게 다 사용된다'는 허탈한 마음이 들었
다. 질병으로 고통받고 있는 사람, 또는 그 가족들을 정말 가볍게 또는 우
습게 본다는 생각이다.

　수맥봉 실태를 취재해보기로 했다. 경기도 어느 외딴 지역에 있는 한
건물로 찾아갔다. 바로 그 수맥봉 집회가 열리는 곳이다. 이때는 동료 기
자와 동행했다. 집회장 근처에는 갖가지 승용차들이 곳곳에 주차되어 있
었다. 또 집회장 건물 입구에는 참석자들이 벗어놓은 것으로 보이는 신발
이 수십 켤레가 놓여 있었다. 40∼50명 정도 모인 듯했다. 생각보다 꽤
많은 인원이었다. 출입문을 살짝 열었다. 기자의 신분을 미리 밝히지 않

은 상태였다. 집회장 문을 열고 한 발 들어가니 역시 사람들로 가득 차 있었다. 출입문 바로 앞에 있던 신도인 듯한 한 사람이 어떻게 왔냐고 물었다. 소문 듣고 질병 치료차 왔다고 했더니 뒷자리 어느 구석에 없는 빈틈을 만들어 주었다.

70대로 보이는 교주는 강의하고 있었다. 큰 칠판에 한국어 중국어 영어 심지어 화학기호까지 사용해가면서 자신의 교리를 복잡하게 설명했다. 자신의 유식함을 보이려는 듯했다. 우리가 집회장으로 들어오는 것을 본 교주가 우리 두 사람을 불렀다.

— 방금 오신 두 분, 앞으로 나와 보세요.

손가락으로 '우리?'임을 확인하니 '그렇다'고 했다. 나와 동료 기자는 앞으로 나갔다. 어리둥절했다. 어차피 수맥봉이라는 것을 경험하고자 했으니 차라리 잘된 일이라 생각했다.

— 그 자리에 가만히 있으세요.

교주는 먼저 나에게 그냥 가만히 서 있으라고 말했다. 내가 누구인지, 왜 왔는지, 어떤 질병이 있는지 등을 전혀 묻지 않았다. 그는 나를 세워둔 채 4~5발 뒤로 물러났다. 이윽고 수맥봉을 꺼내 들었다. 수맥봉으로 나를 진단해보겠다는 의도였다. 수맥봉을 든 교주는 자신이 강의했던 암 진단에 대해 직접 실행해 보이겠다고 말했다. 내가 그 교주의 수맥봉 현상의 실험 대상이 된 셈이다. 나는 교주가 시키는 대로 그 자리에 그대로 서 있었다.

— 음….

교주는 수맥봉을 잡은 두 손의 팔꿈치를 들어 엘L자 모양이 되게 했다. 눈을 잠시 감은 후, 수맥봉 움직임에 집중했다. 참석자들도 조용히 그 수맥봉의 움직임에 눈의 초점을 맞추었다. 나는 교주의 정면에서 그를 쳐다봤다. 그도 눈을 뜨고 나를 보았다. 이윽고 교주는 한 걸음씩 천천히 발을 옮기며 나에게도 가까이 왔다. 교주의 움직임에 수맥봉도 따라 이리저리 흔들렸다. 내 몸의 건강상태를 그 수맥봉이 알려준다는 식이다. 그가 내 몸에 가까이 왔다.

— 이제 직접 살펴보겠습니다.

교주는 한 손의 수맥봉을 내려놓았다. 다른 한 손은 계속 수맥봉을 들고 있었다. 수맥봉을 내려놓은 손을 내 머리에 살짝 올려놓았다. 그러면서 수맥봉의 움직임을 쳐다봤다. 수맥봉으로 마치 내 머리의 상태를 진단한다는 행위처럼 보였다. 그의 손에서 어떤 엑스레이라도 나온다는 식인가? 교주의 손은 계속해서 나의 어깨, 가슴, 배 등으로 옮겨갔다. 심지어 나의 성기 위에도 손이 올라갔다. 순간 깜짝 놀랐다. 내가 여성이었다면, 이 장면만으로도 적지 않은 문제가 될 수 있었다. 참석자들은 아무렇지도 않은 듯 계속 그 교주의 행위를 바라보기만 했다. 오히려 그들은 교주가 '그다음에 무슨 말을 할까'에 집중하는 듯했다. 이윽고 교주는 자신의 몸을 곧바로 세우고 참석자들을 향했다. 수맥봉을 이용한 내 몸 상태의 진단을 마친 모양이다. 교주는 이렇게 말했다.

— 이분은 암이 없습니다. 들어가세요.

참석자들 사이에서 '와~'하는 짧은 감탄사가 나오고 박수 소리도 들

나는 교주다

렸다. 허, 참! 이게 무슨 일인가. 교주의 수맥봉 행위 하나하나에 참석자들은 일희일비 —喜—悲 상태에 놓여 있었다. 수맥봉 실험 도구로 사용된 나는 다시 자리에 돌아왔다. 그다음은 동료 기자 차례였다.

교주는 동일하게 행동했다. 수맥봉을 들고 4~5 발걸음 뒤에서 다가오더니 동료 기자의 머리, 어깨, 가슴, 배 그리고 성기 위치에 자신의 손을 올려놓았다. 그의 수맥봉도 교주의 움직임에 따라 이리저리 흔들렸다. 교주가 수맥봉을 내려놓고 참석자들을 향해 몸을 돌렸다. 그리고 이번엔 이렇게 말했다.

— 5센티입니다. 그런 파동이 느껴졌습니다.

— 오….(탄식의 함성)

'5센티'? 이건 또 무슨 소리인가? 곧바로 동료 기자가 내 옆자리로 돌아왔다. 옆자리에 있는 집회 참석자에게 '5센티가 무슨 말입니까?'라고 물었다. 그러자 그는 우리를 처량한 눈빛으로 바라보며 이렇게 말했다.

— 아이고, 몸속에 암덩어리 크기가 5센티라는 말이에요.

— 엥~ 암덩어리?

동료 기자의 몸속에 암이 있다는 말이다. 또 그 암 덩어리의 크기가 5센티미터가 된다고 했다. 크게 놀라지 않을 수가 없었다. 내가 동료 기자에게 물었다.

— 암 진단받은 적 있어요?

— 아니요. 전혀….

암덩어리 크기가 5센티미터라면 이는 결코 작은 크기가 아니다. 암 진단 4~5기 정도로 중증에 해당하는 상태다. 암 부위에 따라서 정상적으로 걷기조차 힘들 수도 있다. 내가 동료 기자의 상태를 볼 때, 전혀 그런 상황은 아니었다. 말이 안 되는 소리다. 동료 기자가 손을 들었다. '질문 있다'며 의사를 표현했다. 참석자들과 교주가 모두 우리를 바라보았다. 교주가 질문하라고 했다. 동료 기자가 말했다.

— 저에게 암 5센티미터라고 말씀하셨는데, 저는 최근 건강보험에서 진행하는 건강검진을 받았습니다. 암이나 또는 암과 비슷한 어떤 소견도 받지 않았습니다. 어떻게 된 것인가요?

장내가 약간 술렁였다. 그러자 교주가 입을 열었다.

— 그것은 병원에서는 진단이 되지 않는 암입니다. 이 수맥봉이 그것까지 정확하게 찾아서 진단해 낸 것입니다. 큰 위험을 미리 예방하기 위한 것입니다.

무슨 말도 안 되는 소리인가? 교주는 병원에서 발견하지 못하는 암 덩어리가 있다고 했다. 그것을 자신이 수맥봉을 통해 발견했다는 것이다. 그것도 5센티미터나 되는 큰 암 덩어리라고 했다. 이것이 가능한 일인가? 이는 암을 진단하고 치료한다는 말로 나와 동료 기자를 바보로 취급하고 있는 셈이었다. 흥미로운 것은 이 말을 들은 참석자들이 고개를 끄덕이며 수긍하고 있다는 점이다. 이때 또 다른 한 사람이 손을 들었다. 자신도 질문이 있다고 했다. 교주는 그에게도 발언 기회를 주었다.

— 저도 지난번 이곳에서 수맥봉으로 암 진단을 받았었습니다. 이후 병원에 가서 정밀 검진을 했었습니다. 병원에서는 암이 없다고 했습니다.

수맥봉 교주의 행위에 대해 '의심 반, 불만 반'의 형태로 말을 했다. 그러자 교주는 더욱 강하게 목소리를 높였다.

— 수맥봉이 정확하게 진단해주는 것을 믿기 싫으면 그만입니다. 수맥봉이 예방 차원에서 미리 알려주는 것일 수도 있지요. 이곳을 떠나면 당신만 손해입니다. 마음대로 하세요.

수맥봉의 암 진단이 이제는 '예방 차원'이라는 식으로 말한다. 훗날 암에 걸릴 수 있는 것을 자신이 수맥봉 진단을 통해 미리 알려준 것이라는 의미다. 현재의 정확한 진단이 아니라 미래의 가능성에 대한 것이라고 얼버무린다. 교주는 '믿기 싫으면 그만 나가라'며 오히려 당당했다. 그 참석자는 더 이상 따지지 않았다. 정말로 교주를 믿기 싫으면 나가면 그만이기 때문이다. 그 교주는 '나는 이것저것 따지지 않는 맹신도만 취급하겠다'는 식이다.

교주는 커다란 칠판에 이런저런 이론을 나열해 가며 강의를 했다. 그의 강의에서 매우 흥미로운 장면을 발견할 수 있었다. 교주는 자신은 사진만 가지고도 그 사람의 몸 상태를 진단할 수 있다고 말했다. 다시 말해 사진만 있으면 그 사진 속의 사람에게 암이 있는지 없는지, 또는 다른 질병이 있는지 없는지를 판단해 낼 수 있다고 한 것이다. 더욱 재미있는 것은 그 '사진 진단'을 증명이라도 하려는 듯, 교주는 북한의 김정은과 그 여동생 김여정이 함께 서 있는 사진 한 장을 꺼내 칠판에 붙였다.

— 저는 이러한 사진만 보고도 수맥봉을 이용해 암 진단을 할 수 있습니다.

이윽고 교주는 김정은 김여정 사진에 한 손을 올려놓고 다른 손으로 수맥봉의 움직임에 집중했다. 수맥봉이 이리저리 움직였다. 잠시 후 그는 이렇게 말했다.

— 아~ , 정말 안타깝습니다. 제가 정말 김정은과 김여정을 치료해 줄 수 있는데 말이죠. 이들을 치료해주면 남한과 북한의 관계가 좋아지겠죠. 그러면 우리나라 통일에 조금 더 도움이 되지 않겠습니까?

— (박수)

교주는 북한의 김정은과 김여정에게 암이 있다거나 없다거나 구체적으로 말하지는 않았다. 다만 자신이 그들의 질병을 치료해 줄 수 있다고만 강조했다. 이를 위해 교주는 국정원 등 국가에 자신을 방북시켜 달라고 신청했다고까지 언급했다. 이런 교주의 말에 참석자들은 박수를 쳤다. 정말 갈수록 태산이다.

교주가 '사진 진단'이라는 독특한 능력을 과시하기 위해 김정은과 김여정의 사진을 사용한 것은 나름대로 치밀한 전략인 듯하다. 왜? 김정은과 김여정의 질병은 확인이 불가능하기 때문이다. 그것을 위해 방북 신청을 했다는 것 역시 마찬가지다. 교주의 주장일 뿐이다.

그 교주의 수맥봉 진단은 여기서 끝나지 않았다. 그는 우리나라 독도 지도 한 장을 꺼내 다시 칠판에 붙였다. 역시 그 교주는 사진만 보고 지하 광물의 상태까지 알 수 있다고 자랑했다.

— 여기 독도 사진이 있습니다. 다른 사람들은 수맥봉으로 지하의 물길을 찾아다니는데, 저는 지하의 광물까지 찾아낼 수 있습니다. 제가 한번

해보겠습니다.

그는 독도 사진에 자신의 한 손을 올려놓았다. 그리고 다른 한 손으로 수맥봉의 움직임에 감각을 집중했다. 교주는 5 ~ 10초 동안 눈을 감고 마치 신과 소통하는 듯한 모습을 보였다. 그리고 또다시 이렇게 말했다.

— 독도 인근에 '불타는 얼음'(메탄 하이드레이트)이라는 광물이 있습니다. 저는 그것을 사진만 가지고도 느낄 수가 있습니다.

— 와~ (일부 박수)

교주는 또다시 정부 당국에 자신을 독도로 보내 광물의 위치를 정확하게 탐색하게 해 달라고 요청했다고 주장했다. 수맥봉을 통해 광물의 종류와 위치 등을 구체적으로 알아낼 수 있다는 것이다. 그러나 교주는 자신의 북한 입국 요청과 함께 독도 광물 탐색 요청 등 모든 요구를 정부가 거절했다며, 안타깝다고 말했다. 그러자 참석자들도 '어휴~' 등 아쉬운 소리를 내며 응수했다. 정말 그 교주의 그 맹신도들인 셈이다.

정말 이 교주가 수맥봉을 통해 독도 근처 바닷가에서 소위 '불타는 얼음'이라고 불리는 광물을 발견한 것일까? 그렇다고 보기 힘들다. 나는 평상시 과학이나 과학 뉴스에 관심이 있다. 아마도 대학에서 물리학을 전공했기 때문일 것이다. 메탄 하이드레이트라는 광물에 대한 뉴스는 수맥봉 교주를 취재하기 약 2 ~ 3년 전에 이미 언론을 통해 보도된 바 있었다.

점심 시간 이후 오후 집회 시간이다. 이제는 교주가 치료약을 직접 제조해준다고 했다. 교주는 강의실 안쪽 또 다른 방으로 들어갔다. 교주에게 암 진단을 받은 사람이 호명을 받으면 한 사람씩 그곳으로 들어간다. 교주가 제공하는 약을 몸의 아픈 위치에 붙이면 암이 치료된다고 했다. 약이라고 하는 것은 구슬 모양의 작은 밀가루 반죽처럼 생겼다. 그 치료약이라는 것을 받기 위해 신도가 제조 방에 들어간다. 그러면 또다시 수맥봉으로 진단을 하고 암이 몸에 흘러가는 방향이라는 곳으로 밀가루 반죽 같은 약을 펼쳐서 붙인다고 했다.

문제는 그 약값이다. 결코 싸지 않다. 교주의 강의와 수맥봉을 통한 암 진단까지는 누구에게나 무료다. 그러나 약값은 그렇지 않다. 교주의 암 진단을 정말로 신뢰한다는 신도도 약값을 듣고 주저주저할 정도다. 바로 여기에서 이익을 남기는 셈이다. 우리도 잠시 고민을 했다. 동료 기자가 교주에게 암이라는 진단을 받았기 때문에 교주의 약 제조 방으로 들어가 약을 받을 수가 있다. 그러나 역시 비용이 걸림돌이다. 결국 그 약에 대한 분석까지는 하지 않기로 했다. 그럴 필요까지는 없다고 판단했다.

밖으로 나갔다. 참석자들이 삼삼오오 모여 대화를 하고 있었다. 그들의 대화에 살짝 끼어들었다.

— 이거 모두 검증이 필요해요. 제 어머니도 그 약 붙여 봤는데 아무런 반응이 없었어요.

— 조금 더 기다려 봐야 해요. 기도를 열심히 하며 이곳을 꾸준히 다녀야 해요….

수맥봉 교주의 행태에 대해 부정적인 반응이 적지 않았다. 의외였다. 이 집회에 꾸준히 다니면서 교주의 진단과 처방에 대해 크게 신뢰하지 않는 이들이 꽤 있었다. '혹시나~' 하는 마음에 또는 '만약에~' 하는 일말의 기대감에 발길을 끊지 못하는 사람들이었다. 질병으로 고통받고 있는 이나 그 가족들의 심정이 이렇다.

"어떤 위기 상황에도 흔들리지 않는다. 오히려 그때 찾아온 위기는 인생 재도약을 향한 발판이 될 수도 있다. 바로 '사랑'의 힘이다."

4. 오직 사랑이라는 결론을 위하여

―나도 당신을 사랑해요.

방황하는 아내에게 보낸 첫 번째 편지

취재하며, 상담하며 또 강의하면서 가장 많이 하는 질문 중 하나가 있다.

'도대체 사람들은 왜 사이비에 빠질까?'

정말 그렇다. 교주 신격화 등 말도 안 되는 교리를 내세우는 사이비 단체에 사람들은 도대체 왜 빠지는 것일까? 배운 게 없어서 그럴까? 아니면 미련해서일까? 그것도 아니면 가난했기 때문일까? 나쁜 친구를 사귀어서 그런 곳에 빠진 것일까? 차라리 위와 같은 이유로 설명이 되면 그나마 좋겠다. 사이비에 빠진 이유가 분명하니 예방이나 치유도 어렵지 않기 때문이다.

그런데 위와 같은 이유가 아닌 경우가 너무 많다. 사이비 신도 중에는 유학까지 마치고, 박사학위까지 갖고 있는 소위 유식한 이들도 많다. 오히려 그런 사람을 홍보용으로 내세우기도 한다. 돈 많은 사람들도 얼마든지 있다. 나쁜 친구 때문이라고? 사이비 신도 중에는 외골수적으로 순진한 이들이 또한 많다. 너무 순진해서 교주의 비리가 객관적으로 밝혀져도 '그럴 리가 없다. 그래도 나는 교주를 믿는다'라며 마음의 문을 닫는 경우가 적지 않다. 소위 '나쁜 친구', '껄렁껄렁한 친구' 그들은 사이비에 오히려 잘 빠지지 않는다. 사이비 교주의 뻔한 수법이 그들의 눈에 잘 보인다.

그럼에도 불구하고 도대체 사람들은 왜 사이비 종교에 빠질까? 나는 강의할 때 그 이유의 핵심을 '사랑' 때문이라고 말한다. 너무도 뻔한 말일 수 있지만, 실제로 사람들은 사랑의 결핍 때문에 사이비에 빠지게 된다. 한 예를 들어보자. 내가 실제 상담했던 내용이다.

'92년 10월 28일 세상 종말'이라는 소위 시한부 종말론이 판을 치고 있을 때다. 중년의 한 남성이 신앙 상담을 하겠다며 직접 나를 찾아왔다. 아내가 위 시한부 종말론에 푹 빠져 있다고 했다. 어느 날부터 아내는 가정도 뒷전이었다. 그 단체에 가서 거의 사는 것처럼 행동했다. 그의 자초지종 이야기를 들어보았다.

그는 ○○기업 영업이사로 해외 출장이 많은 직업을 가졌다. 아내와의 관계도 나쁜 적이 없었다. 아이들도 평범하게 잘 자라고 있었다. 어느 날부터 아내의 씀씀이가 커졌다. 계좌이체로 나간 돈도 만만치 않았다. 조심스럽게 아내에게 물으니 처음에는 교회에 낸 헌금이라고 했다. 남편은 아내가 일반적인 교회에 다니는 것으로 알았다. 헌금이 좀 과하다고 생각했지만, 그러려니 했다. 그러던 어느 날부터 아내와 대화가 안 된다는 것을 느꼈다. 집안 살림살이는 물론이고 신앙생활조차도 아내의 모습이 이해되지 않는 게 많았다. 아내가 무엇인가 미친 것 같다는 판단이 들었다. 그래서 관심을 기울여 알아봤더니 말 그대로 시한부 종말론에 빠졌다는 것이었다.

이후 아내와 대화만 하면 말싸움으로 번졌다. 상식적인 대화에서도 싸우기가 일쑤였고, 더욱이 신앙적인 대화에서 아내는 남편을 악마와 마귀로 취급하기도 했다. 남편도 참기 힘들었다. 부부 사이가 단단히 틀어졌다.

남편은 큰 고민 끝에 아내를 사이비로부터 지켜보겠다고 결심했다. 지옥에라도 따라가서 아내를 끄집어오겠다는 마음을 먹었다. 이제껏 신앙 생활을 해본 적이 없던 남편이 교회를 찾았다. 직장생활로 바빴지만, 시간을 내어 성경공부를 시작했고 특히 종말론에 대해서 자세하게 공부했다. 모두 아내를 위해서였다. 아내와 대화를 하려면 자신이 성경의 내용, 특히 종말론에 대해 알아야 한다고 판단했기 때문이다. 시한부 종말론이 왜 잘못된 것인지를 상세히 연구하고 파고들었다.

이런 노력으로 남편은 아내와 대화가 잘 되었을까? 결과는 아니었다. 한마디로 실망이었다. 남편은 아내를 향해 시한부 종말론이 왜 틀린 교리인지 조목조목 설명했다. 처음에 아내는 남편과 신앙 대화를 할 수 있다는 것에 좋아했다. 그러나 자신을 설득하려는 것에 이내 반감을 품기 시작했다. 반복되는 남편의 교리적 설득에 더욱 강하게 반발했다. 오히려 '92년 10월 28일 세상 종말'이 맞다며 강짜를 부렸다. 아내는 자신의 믿음이 자신은 물론 가족을 위한 길이라고 우겼다.

남편도 이제 지쳤다. 더 이상 어떻게 해야 할지 막막하다. 포기하고 이

혼할까 하는 생각도 많이 들었다. 그렇다고 이혼하기도 쉽지 않다. 아이들이 있기 때문이다.

도대체 그의 아내는 왜 그런 시한부 종말론에 빠져 헤어나오지 못하는 것일까? 지식이 없어서일까? 그렇지 않다. 아내도 남들처럼 공부를 할 만큼 했다. 대학도 나오고 사회생활도 했다. 또 큰 부자는 아니어도 유복하게 살아왔다. 결혼 후 남편의 직장은 어느 누구보다도 튼튼했다. 경제적인 이유도 그들에게는 없었다. 친인척이나 이웃과의 관계도 원만하다. 부부 관계에서도 큰 흠을 찾기 어려웠다. 그런데 왜? 도대체 왜, 아내는 사이비에서 헤매고 있는 것일까?

이 남편의 이야기를 들으며, 같은 시대를 살아가는 남자로서 마음이 너무도 아팠다. 이유가 뭘까? 이 부부에게 이유가 있을까? 나는 남편의 직업에서 그 단서를 발견했다. 그는 직업상 해외 출장이 많아서 집을 비우는 시간이 많았다. 그것이 무슨 인생의 단점인가? 그보다 바쁜 사람도 얼마든지 있는데 말이다. 내 경우에도 그렇고….

이때 이론적인 내용 하나를 그 남편에게 적용해보기로 했다. 그 방법에 대해 내 설명을 들은 남편은 크게 기대하지 않았다. 그러나 다른 방법이 없었다. 설득해봤다. 결국, 마지막이라 생각하고 도전해보기로 했다.

그 방법은 이렇다. 어떤 부부든 가장 행복했던 때, 꿈과 소망으로 가득했던 때가 있다. 주로 신혼 때가 그렇다. 서로를 깊이 사랑하며, 믿고 의지하고 밝은 미래를 꿈꾸던 때다. 그때를 생각하며 그 상황으로 돌아가보자는 것이다. 그 당시를 떠올릴 수 있는 카페, 여행지 등 어떤 장소도 좋고 책, 전등, 옷 등의 물건도 좋다. 그것과 연관된 곳으로 아내를 초대하는 것이다. 이때 대화할 내용도 그것과 연관되어야 한다. 행복했던 당시의 상황을 회상하며 이야기를 풀어가야 한다. 시간이 걸릴 수도 있다. 심지어 며칠이 될 수도 있다. 지금 갈등하고 있는 어떠한 내용, 특히 시한부 종말론 교리 설명, 사이비 종교, 교주 비판 등은 한 마디도 꺼내지 않아야 한다. 그 그림자도 건드리지 않아야 한다. 마지막으로 진심을 담은 남편의 고백이 필요하다. 과하지 않은 꽃다발 하나 준비하는 것도 좋다. 작은 선물을 곁들이는 것도 괜찮다. 마치 처음 청혼하듯이 행복한 미래를 향해서, 두 사람의 아름다운 앞날을 향해 함께 걸어가자며 진실한 고백의 말을 건네보자. 나는 그에게 그것을 권했다.

그는 고개를 끄덕였다. 그렇게 해보겠다고 결심했다. 그동안 아내를 위해, 아내 한 사람만을 위해 시간을 내어 무엇인가를 해준 적이 없었다고 했다. 설령 아내가 시한부 종말론 교리에서 벗어나지 못한다 하더라도 아내를 위해 마음을 담아 고백해보기로 했다.

부부는 시간을 내어 강원도 강릉의 어느 카페로 장소를 옮겨 앉았다. 20여 년 전의 강릉 앞바다를 바라보며 남편은 처음 만났을 때의 이야기 등으로 너스레를 떨었다. 아내의 반응은 퉁명스러웠다. 그러나 이러한 분위기가 싫지는 않은 듯했다. 분위기가 좀처럼 쉽게 풀리지는 않았다. 순간순간 아내의 날카로운 반응이 있었지만, 남편은 휘말리지 않으려 노력했다. 커피 이야기, 아이들 어렸을 때의 에피소드 등 분위기를 과거 그 어느 날로 계속 몰고 갔다. 아내는 커피를 좋아했다. 핸드드립 커피의 향과 맛이 분위기를 좋게 만들었다. 아이들 어렸을 때의 이야기 역시 언제나 멋진 추억으로 빠져들게 한다. '그땐 그랬지' 등으로 아내의 반응도 나쁘지 않았다.

남편은 '이때다' 싶었다. 남편은 안쪽 주머니에서 케이스를 하나 꺼냈다. 뚜껑을 열고 아내 앞으로 내밀었다. 그리고 그 안에 든 반지를 꺼내 아내의 손가락에 끼워주었다. 아내는 깜짝 놀라며 얼떨결에 손을 내밀며 반지를 받았다. 남편은 미리 준비한 편지를 꺼냈다. 그리고 이렇게 읽어 내려갔다. 그의 목소리는 다소 떨렸다.

— 여보, 그동안 아이들 키우고 내 뒷바라지하느라 정말 고생이 많았소. 이제 우리가 중년이 되었구려. 우리가 처음 꿈꾸어왔던 아름다운 인생을 다시 함께 세웠으면 좋겠소. 함께 여행도 가고, 함께 책을 읽고, 함께 운동도 하며 함께 시간을 보냈으면 정말 좋겠소. 내 인생 당신과 함께, 온전히 함께 걸어가고 싶어요. 그것을 위해 내 직장도 정리하겠소. 해외 출장을 그만하겠소. 그동안 나도 반성을 많이 했어요. 이제 당신은 혼자가 아니오. 내가 항상 옆에 있을 것이오. 우리 다시 함께 행복의 길로 걸어가요. 정말 당신을 사랑해요. 여보.

편지를 잡고 있던 남편의 손이 떨렸다. 목소리도 떨렸다. 아내는 편지를 읽는 남편의 얼굴을 빤히 쳐다보고 있었다. 남편의 진심이 전해졌을까? 아내의 눈에서도 눈물이 주르르 흘러내렸다. 아내가 움직였다. 아내가 남편을 끌어안았다. 그리고 아내도 이렇게 고백했다.

— 여보…. 나 그 단체 안 나갈게. 나도 당신을 사랑해요. 정말 정말 사랑

나는 교주다

해요. 그리고 미안해요. 정말 미안해요. 우리 행복하게 살아요.

두 사람은 서로 끌어안고 한참을 울었다. 함께 행복한 인생으로 살아
가자며 다짐했다. 그들은 '92년 10월 28일, 세상 종말, 날짜 계산, 교주
비판, 시한부 종말론, 사이비' 등 어떠한 단어도 입에 올리지 않았다. 진
실한 남편의 사랑 고백이 아내의 마음을 움직였던 것이다.

훗날 자초지종 이야기를 아내의 입장에서 들어보았다. 결혼 후 20여
년이 지나는 때였다. 자녀들은 모두 대학에 입학했고, 밖에 나가는 시간
이 많았다. 엄마의 손길도 크게 필요하지 않은 때다. 남편은 여전히 바쁘
다. 잦은 해외 출장으로 집에 없는 시간이 더 많았다. 직장 일이다 보니 뭐
라고 말할 수도 없었다. 이때 아내에게 갱년기가 조금 일찍 찾아왔다. 혼
자 있는 시간이 많았다. 슬프고 외로웠다. 특별한 취미생활도 없었다. 그
시간이 길어졌다. 아내에게 누군가의 따뜻한 손길이 필요한 시점이었다.

어느 날 길거리에선 무엇인가 확신에 찬 이들이 있었다. 바로 '세상 종
말'을 외치는 이들이었다. 처음에는 무시했다. 그런데 같은 동네 또래 주
부가 손을 잡고 그곳으로 이끌었다. 그와 함께 말하고 다니는 게 즐거웠
다. 그동안 총 맞은 것처럼 '뻥~' 뚫려 있던 마음이 무엇인가로 채워지는
듯했다. 시한부 종말론은 그녀에게 '이론'이 아니라, '사랑'과 '관심'으
로 다가왔다. 친인척 등 주변 사람들이 그녀를 비난만 했지, 이해하려 들
지 않았다. 시한부 종말론을 비판할수록 그녀는 마음이 더욱 아팠다. 자
신의 사랑이 비난받는 것처럼 받아들여졌다. 그녀는 자신의 사랑을 보호
하기 위해 그 사상에 더 깊이 파고 들어갔다.

처음 질문을 다시 해보자. 도대체 사람들은 왜 사이비에 빠지는 것일까? 지식이 없어서일까? 가난하기 때문일까? 아니면 나쁜 친구를 사귀어서, 재수가 없어서일까? 이것도 저것도 아니면 도대체 무엇일까? 지금도 우리 주변에 사이비 교주의 목소리가 돌아다니고 있다. 들리는가? 아래와 같은 소리가.

'나를 믿으라 그러면 천국에 간다, 불치병이 낫는다, 부자가 된다, 복이 들어온다, 세상 종말이 와도 구원을 받는다.'

우리는 인생살이 중 누구든지 '위기'를 맞게 된다. 건강의 위기, 재정의 위기 그리고 사랑의 위기 등이다. 질병에 걸리든, 사고를 당하든 건강의 위기가 불쑥 찾아온다. 자신뿐 아니라 사랑하는 가족에게도 얼마든지 그런 위기는 찾아온다. 또한 맞이하고 싶지 않지만, 사업실패, 폐업, 사기, 실직, 은퇴 등으로 인한 재정 위기도 겪을 수 있다. 사랑의 위기 역시 마찬가지다. 자신을 사랑하는 이가 떠나거나, 또는 주변에 아무도 없다고 여기는 때다. 특히 여성에게는 갱년기라는 기간도 있다.

사람의 가슴이 여려지는 순간이 가장 위험한 때다. 마음속에 마치 시한폭탄 하나를 품고 살아가는 것과 같다. 언제 폭발할지 모른다. 인생이 크게 흔들릴 수 있다. 그에게는 '탈출구'가 필요하다. 이때 A 사이비 신도를 만나면 그곳에 빠지고, B 사이비 신도를 만나면 또 그곳으로 빠지기 쉽다. 누가 먼저 그를 만나느냐가 중요한 순간이다.

이때 언제나 사랑하고 친밀한 가족이 있고, 또 사랑으로 충만한 신앙

나는 교주다

단체가 있다면 그는 안전하다. 어떤 위기 상황에도 흔들리지 않는다. 오히려 그때 찾아온 위기는 인생 재도약을 향한 발판이 될 수도 있다. 바로 '사랑'의 힘이다.

—잘 되면 내 탓입니다. 안 되면 네 탓이지요.

교주 되는 법
....

30여 년 동안 여러 명의 사이비 교주들을 취재하다 보니, '아! 저렇게 하면 나도 교주가 될 수 있겠구나'라는 정말 엉뚱한 생각이 떠올랐다. 그것을 한번 정리해보기로 했다. 소위 '교주 되는 법'이다.

사이비 교주가 된다는 것, 결코 어렵지 않다. 누구나 가능하다. 초등학생도, 100세 노인도 모두 될 수 있다. 되기만 한다면 그 이후는 왕처럼 군림하며 살아갈 수도 있다. 신도들을 종처럼 마음대로 부릴 수도 있다. 돈 걱정? 할 필요가 없다.

이보다 더 좋은 직장이 어디 있을까? 딱 3년 동안만 미쳤다고 생각하고 미친 짓을 하면 된다. 딱 3년만.

먼저 사이비 교주가 되기 위해서는 자신만의 캐릭터(특징)가 있어야 한다. 평범하고 정상적인 신앙인의 모습으로는 교주가 될 수 없다. 평범하

나는 교주다

지 않은, 상상을 초월할 수 있는 특징일수록 좋다. 예를 들면 대표적으로 이런 식이다. '나에게 안수, 딱 한 번만 받으면, 불치병도 낫는다', '내가 바로 신이다. 나에게 와야만 천국에 갈 수 있다', '○○년 ○월에 세상 종말이 온다. 내가 그 소식을 전하러 왔다' 등등.

축사(귀신을 쫓아낸다는 행위), 예언(앞일을 알아맞힌다는 행위) 등도 이때 자주 등장하는 캐릭터의 단골 메뉴다. 자신에게 맞는 것을 선택하면 된다. 이것을 위한 각종 소품도 등장한다. 밀가루, 설탕, 고약, 파스, 손수건, 생수, 금이빨, 금가루, 휴지 등이다. 희한한 소품일수록 좋다. 위 예를 든 것 중 가장 많이 사용되는 것은 생수다. 교주가 안수한 생수는 특별한 효능을 갖고 있다는 식이다. 그것을 누가 믿을까? 염려하지 않아도 된다. 이 야기는 만들기 나름이다. 각 캐릭터와 소품에 대한 기본적인 정보는 인터넷 검색을 통해 도움을 받을 수 있다. 본서를 통해 교주들이 각 캐릭터와 소품들을 어떻게 활용해 왔는지 그 실례를 살펴보는 것도 좋은 방법이다.

캐릭터를 정했으면, 그다음엔 자신 스스로 그 캐릭터에 아주, 매우, 큰 확신을 가져야 한다. 평범한 자기 자신의 모습은 버려야 한다. 자신이 그 캐릭터라는 환상에 자신이 먼저 '푹~' 빠져야 한다. 자신에게 정말로 그런 능력이 있는 것처럼, 한 마디로 정신병자처럼, 아니 '처럼'으로는 부족하고, 그냥 미친 사람이 되어야, 자신을 그런 환상적인 사람이라고 '믿어야' 한다. 왜냐하면 일반 사람들에게는 강한 확신에 찬 타인에게 의지하고 싶어하는 심리가 있기 때문이다.

어떤 캐릭터가 좋을까? 나 같으면 '불치병 치료'로 정하겠다. 나의 안수 한 번에 불치병이 확실하게 치료된다는 식이다. 왜 이것으로 정했을까? 세상에는 각종 질병으로 고생하는 사람들이 너무나도 많다. 많을 뿐만 아니라 불치병 환자들은 끊임없이, 지속적으로 발생한다. 그래서 일단 수요가 많다. 병이 깊을수록 또 그 기간이 길어질수록 환자나 가족들의 인내심과 판단력 등 이성적 기능이 약해지기 마련이다. 환자의 병세가 중병일수록 '불치병 치료'라는 캐릭터는 더 잘 먹힌다.

캐릭터를 정했으면 이제 홍보성 전단지를 만들어 배포하자. 버스, 지하철, 길거리, SNS 등을 통해 마구마구 살포한다. 전단지 내용은 이런 식이 좋다. 나 자신, 교주에 대한 설명보다 실제로 치료되었다는 이들의 내용을 싣는 방식이다. 예를 들면 이렇다. '강원도 강릉 홍○○ 씨 말기 위암 완치', '대구 상인동 한□□ 씨 뇌종양 완치', '부산 해운대 △△ 어린이 혈액암 완치' 등등.

모자이크한 사진도 곁들이면 좋다. 완치자의 연락처 등은 없다. 확인 불가능하게 해야 한다. 어지간한 사람은 이런 전단지에 관심이 가도 완치된 사람들부터 일단 확인하려고 들 것이다. 이럴 때는 〈개인정보보호법〉이라는 핑계를 대면 된다. 그럼에도 여전히 기대심을 품는 사람이 있다면, 그는 '지푸라기라도 잡을 심정'의 아픈 사람이거나 그 가족이다. 교주가 던진 미끼에 이미 절반 이상 걸려든 셈이다.

'안수 한 번이면 불치병이 치료된다', '나는 인류를 질병으로부터 구원하러 왔다'라는 식의 팻말을 들고 시내를 천천히 걸어 다녀도 좋다. 물론 전단지를 계속 뿌리면서 말이다. 이러한 나의 미친 짓에 단 한 사람만 걸리면 된다. 그때까지 미친 짓을 해야 한다. 1 ~ 3년 정도 걸린다. 나의 행동에 사람들 99퍼센트는 '미쳤다', '사이비다', '이단이다'라고 말할 것이다. 그것에 어떤 반응도 보일 필요가 없다. '당신들이 나를 몰라서 그래, 나는 신과 같은 존재야'라는 미친 마음을 스스로 계속 유지해야 한다. 오직 한 사람의 신도만 걸려들면 된다. 그것을 위해서다. 그러면 끝이다.

불치병 또는 심각한 중병에 걸린 사람들이 주변에 의외로 많다. 그들 대부분은 병원 치료를 받았거나 받는 중이다. 불치병이라고 해서 병원 치료를 한 번이라도 받지 않은 사람은 없을 것이다. 그러나 치료 불가능 또는 치료가 힘들다는 판정을 받고 낙심한 사람들과 가족들도 많다. 그들의 귀에만 잘 들리는 특별한 소리가 있다. 일반 사람들의 귀에는 잘 안 들리는 소리다. 바로 '나에게 안수받으면, 불치병이 낫는다'는 말이다. 거짓말인 줄 그들도 잘 안다. 평소대로라면 그런 허풍에 귀를 기울이진 않았을 것이다. 그러나 지금은 상황이 다르다. 지푸라기라도 잡고 싶은 심정이다. 이왕 이렇게 죽을 바에야 미친 소리를 한번 들어보자는 마음이 일게 된다. '혹시나~' 하는 그들에게는 교주의 확신에 찬 모습이 신뢰감을 불러일으킨다.

가끔 환자나 그 가족들이 문의 전화를 한다. 큰 확신을 보여주어야 한다. 교주는 당당하게 '나를 찾지 않으면 당신만 손해다'라는 자세를 가져야 한다. 나 스스로에 대한, 나 자신의 확신이 그들을 안심시킨다.

환자나 그 가족들이 찾아올 경우 치료 안수를 위한 특별한 소품(도구)을 사용하는 게 좋다. 단순히 손을 얹고 기도하는 것보다는 소금, 설탕,

밀가루, 파스 등 앞에서 설명한 다양한 도구를 활용하기를 권한다. 한약재에 관심이 있거나 어느 정도 지식이 있다면 그것을 활용하는 것도 훌륭하다. 등이나 배 또는 아픈 곳을 어느 정도 두드리는 등의 안수 방법을 고안해 내도 좋다. 경우에 따라선 약간의 고통을 주는 방법도 있다. 어떤 교주는 힘 있게 따귀를 때리기도 한다. 이 단계에 이르기까지는 비용을 받으면 안 된다. 그들의 의심이 아직 크게 남아 있는 상태이기 때문이다.

이렇게 찾아온 사람들 가운데에서도 90퍼센트 이상은 '미쳤다'며 다시 돌아간다. 그들이 정상이다. 따라서 떠나가는 사람을 향해 아쉬움의 표정을 지으면 안 된다. 오히려 그들을 향해 '불쌍하다'라는 표현을 해야 한다. 천국 문 앞에까지 와서 구경만 하다 돌아간 사람처럼 여겨야 한다. 왜? 교주의 타깃은 오직 1퍼센트, 즉 떠나지 않고 남아 있는 예비 신도들이기 때문이다. '기적'을 갈망하는 사람만이 남는다. 그들은 교주가 시키는 대로 따를 사람들이다.

그들에게 희한한 안수 행위를 계속하면 된다. '의심'을 버려야 한다고 주문해야 한다. 신에게 정성을 쌓아야 한다며 여러 가지 과제를 내주면 도움이 된다. 백일기도, 새벽기도, 자정 기도 등과 함께 성경이나 불경 등의 경전을 읽고 외워야 하는 등의 '노력'을 요구하는 과제다.

'기적'이란 이런 것이다. 불치병에 걸린 사람이라도 여러 병원에 다니며 약물 등 각종 치료를 받지 않은 사람은 거의 없다. 그러한 사람들 가운데 간혹 치료 효과가 어느 기간 이후에 나타나는 경우가 종종 있다. 또는 교주의 확신에 찬 모습에 심리적 안정을 찾아가며 건강이 호전되는 경우

나는 교주다

도 있다. 교주가 지속적으로 질병 치료를 확신하는 말을 해주는 것도 필요하다. 교주의 특별 안수와 과제로 내준 종교 행위를 '통해' 질병이 치료되고 있다고 말해주는 것이다.

어느 정도 병세가 좋아졌다고 고백하는 이들이 생긴다면 이때부터는 한마디로 '땅 짚고 헤엄치기'다. 어느 순간 그에게 '완치'라는 판정을 내려주어야 한다. 물론 확신에 찬 목소리로 당당하게 말해야 한다. 환자와 가족들은 뛸 듯이 기뻐한다. 이때부터 이들은 교주의 맹신자가 된다. 곧바로 그 환자에게 '불치병 완치'라는 주제로 다른 사람들 앞에서 '간증'을 하게 한다. 다른 사람들의 교육용이다. 이보다 더 큰 교육이 어디 있겠는가. 그의 얼굴을 담은 동영상을 만들고, 또 전단지도 만든다. 진실로 그 환자가 완치되었는지는 중요하지 않다. 그 환자와 가족들이 그렇다고 믿으면 그만이다. 이때 교주는 그들에게 한마디만 덧붙이면 된다. '의심하면 재발한다.'

교주가 꼭 기억해야 할 '개념'이 있다. '치료되면 내 탓, 치료가 안 되면 네 탓'이라는 논리다. 치료가 되면 당연히 위대하고 영험한 교주의 능력 탓이다. 반대로 치료가 안 되었거나, 재발하게 되면 신도의 믿음 부족 탓, 의심한 탓, 과제를 정성껏 수행하지 않은 탓으로 돌리면 된다. 신이 기적으로 치료해준 것을 확인해 본다며 병원에 가는 순간 '의심'으로 몰아붙여야 한다. 그리고 평소에 이런저런 신앙의 숙제를 게을리하는 순간 병이 재발할 수 있다는 여지를 남겨 둔다.

이런 신도 한 사람만 만들어지면 된다. 이제 정말 끝이다. 이제부터 그 신도가 교주에게 충성을 다한다. 열성을 다해 다른 신도들을 데려온다. 교주가 전단지 뿌리고, 피켓 들고 다니는 것보다 훨씬 효과가 좋다. 왜 안 그러겠는가. 불치병에서 완치되었다는 체험을 한 신도 자신이 스스로 증인이 되어 전도하는데 설득이 안 될 수가 있겠는가. 돈? 이때부터 교주가 원하는 대로 그들은 돈을 바친다. 빚을 내서라도 낸다. 목숨값이기 때문에 아끼지 않는다.

'잘 되면 내 탓, 안 되면 네 탓'이란 논리는 '성공적인 교주 되기'의 핵심이다. 도심 속에 있는 어느 기도원 취재를 한 적이 있다. 물론 이때는 기자라는 신분을 밝히지 않았다. 신앙을 갈구하는 일반인의 모습으로 접근했다. 50여 평의 지하에 의자가 없는 평방 형태의 기도원으로, 40~50대 여성 30여 명이 신도로 있는 곳이었다. 집회가 끝나자 처음 참석한 나에게 원장님 면담을 하고 가라며 안내원이 권했다. 집회장 옆 작은 방에서 원장과 일대일 면담 시간을 가졌다. 그 원장은 이런저런 말을 하다가 대뜸 나에게 '당신은 사명자다'라는 말을 내뱉었다. '사명자인데 지금까지 무엇을 하며 살았느냐, 사명자의 길을 가지 않으니 인생 일이 잘 안 풀리는 것이다'라며 마치 내 인생길을 꿰뚫어 보는 듯 말을 이었다. 그 원장의 말을 듣고 '아! 그래서 내 인생이 많이 꼬였던 모양이구나'라는 생각을 하는 이들은 먹잇감이 된다. 마치 미끼에 낚이는 물고기처럼 말이다. 앞서 언급한 '앵커링 효과'도 여기에 그대로 적용될 수 있다. 그 원장의 말 한마디에 인생이 '탁' 걸리는 식이다. 이런 수법에 낚이는 이들이 적지

나는 교주다

않았다. 그 기도원에 대해 제보해준 이도 그랬다. 그도 훗날 있는 돈 탈탈 털리고 나서야 '속았다'는 생각이 들었다고 했다.

그 원장이 '당신은 사명자다'라고 말할 때도 '잘 되면 내 탓, 안 되면 네 탓'이라는 적용됐다. 자신이 사명자임을 깨닫고 그 단체에 충성하여 열성 신도가 되면 '원장 탓'이고, 거부하고 단체를 떠나며 '네 탓'이 된다는 식이다. 이 논리는 남아 있는 신도들 교육과 단속을 위해서도 좋은 교재 역할을 한다.

사명자 단체에 대한 말이 나왔으니 그곳 이야기를 조금만 더 해보자. 원장은 나에게 당신은 사명자이니 자신의 단체에 속해서 일을 해야 한다고 했다. 또 역시 자신의 단체에 속한 신학교를 다녀야 한다고도 했다. 한마디로 원장 자신에게 충성 맹세를 해야 한다는 의미다. 나도 맞장구를 쳤다. 신학교 입학을 위해 준비해야 할 서류와 시험공부를 준비해야 하느냐고 물었더니, 그 원장은 내 말을 기다렸다는 듯이 모든 준비는 필요 없고 자신이 추천해주기만 하면 된다고 했다. 나에게 특별한 혜택을 주겠다고 했다. 며칠 뒤 나는 후배 기자를 그곳에 투입시켰다. 그 원장의 접근이 동일한 것인지 확인해보기 위해서다. 결과는 나의 경우와 100퍼센트 동일했다. 다시 며칠 뒤, 나는 그곳을 다시 찾았다. 그 원장과 신도들은 반갑게 나를 맞아주었다. 내가 자신들의 미끼에 걸려들었다고 생각한 모양이다. 나는 다시 원장 상담을 신청했다. 흔쾌히 받아들여졌다.

— 저는 사실 기자입니다.

— ….

그 원장에게 나의 신분을 단도직입적으로 밝혔다. 미소를 띠며 나를 바라보던 그 원장의 얼굴이 한순간에 굳어졌다. 당황한 표정이 숨겨지지 않았다. 나는 내 신분을 밝힌 것 외에 아무런 말도, 어떠한 행동도 하지 않은 채 그대로 앉아 있었다. 그의 반응을 지켜보았을 뿐이다.

— 아…. 저는 그저 나라와 국가를 위해서 기도하자는 의도였어요. 사명
   자라고 한 것은 그냥 일반적인 의미였고요….

그 원장은 자신이 무슨 말을 하고 있는지조차 알지 못하는 듯 두서없이 말을 이었다. 그의 눈동자가 왔다 갔다 분주하게 움직였다.

그 기도원을 나오면서 정말 기분이 좋지 않았다. 나는 미끼에 물리지 않고 살아나온 한 마리 물고기였다. 기도원이 아니라 낚시터에서 나오는 느낌이었다. 미끼에 방어 능력이 없는 사람이 이곳에 들어왔다면 어떠했을까를 생각하니 순간 아찔하기도 했다. 지금도 이런 낚시터와 같은 사이비 단체가 우리네 주변에 심심치 않게 많다.

사이비 교주가 되기 위해서는 '사명자' 같은 밑밥을 던질 줄 알아야 한다. '잘 되면 내(교주) 탓, 안 되면 네(믿음) 탓'이라는 논리로 자신을 무장한 채로.

교주 되는 법에는 또 한 가지 주요 논리가 있다. 바로 '두 말'을 하는 것이다. 예를 들어 '신을 믿으면 천국 간다'와 '나를 믿어야 천국 간다'를 동시에 주장한다. 같은 방식으로 '신께서 병을 치료해주신다'와 '나의 능력으로 치료해준다'라는 말도 함께 섞어서 사용한다. 이럴 때는 이렇게 말

하고, 또 저럴 때는 저런 식으로 말하면 된다. '신'을 언급할 때는 대외 홍보용이다. 기존 신앙인들 유혹할 때 사용하는 방식이다. 사람들에게 정상적인 신앙 단체처럼 보여야 하기 때문이다. 혹, 법적인 문제가 발생했을 때 피해 갈 수 있는 근거도 된다. 교리 책이든, 간증 책이든 책을 많이 발행하는 것도 도움이 된다. '글자'가 주는 힘이 있다. 꽤 효과가 좋다. 교주 이름으로 된 책을 가능한 대로 많이 만들어내라. 그리고 그 안의 내용에 '두 말'을 모두 담아라.

나는 그동안 사이비 교주의 교리를 비판하는 글을 꽤 많이 썼다. 교리 비판할 때 가장 힘든 일 중의 하나가 바로 이런 식의 교주의 '두 말'이다. 교주의 입장에서 얼마든지 비판에서 빠져나갈 길을 만들어 놓았기 때문이다.

이와 같은 방법들을 통해 교주가 되는 길은 결코 어렵지 않다. 의외로 쉽다. 그런 교주를 따르려고 기다리는 이들이 은근히 많기 때문이다.

— 나는 신이다.

사기꾼 또는 정신 이상자

그동안 여러 교주들을 만날 수 있었다. 사이비 종교 취재기자 30여 년의
결과다. 교주 대부분은 자신을 직접 신이라고 주장하거나, 신과 같은 매
우 특별한 존재라고 말하고 있다. 앞에서도 언급했지만 이런 류의 소위
'밥 먹고 ×싸는 신'이 현재 우리나라에서 50명이 넘는다는 분석이 있었
다. 교주 50여 명이라는 건 그리 많은 수도 아니다. 빙산의 일각일 뿐이
다. 내가 만난 교주들은 그중에서도 극히 일부에 불과하다. 지금도 같은
하늘 아래 살고 있지만, 어느 곳에서든 사이비 교주들은 활동하고 있다.
그들은 언제든지 우리네 삶에 '슬그머니' 들어오려고 틈을 엿보고 있다.

사이비 교주들을 크게 두 종류로 분류해 볼 수 있었다. 하나는 '사기꾼'이
고 또 다른 하나는 '정신 이상자'다.

　사기꾼 교주는 말 그대로 사기를 친다. 그들의 주된 목적은 돈이나 여

자다. 결코 진리가 아니다. 사기꾼 교주의 가장 큰 특징은 교주 자신이 스스로 신이 아닌 줄 잘 알고 있다는 것이다. 그는 오직 신의 이름을 이용할 뿐이다. 반면에 정신 이상자 교주는 정말 자신이 신이거나 신과 같은 존재인 줄로 착각한다. 이들은 대체로 자신만의 왕국을 세우려고 한다. 그런 교주의 수는 많지 않다. 또 오래 존립하지 못하는 경향이 있다. 돈을 추구하는 경우가 많지 않아서이다.

사기꾼 교주는 혼자 일하지 않는다. 대개 공범이 있다. 바로 최측근이다. 그들 역시 자신들이 섬긴다는 교주가 신이 아닌 평범한 인간인 줄 알고 있다. 그들만의 목적을 위해 함께 '쇼'를 하고 있는 것이다. 그다음 핵심 신도들이 있다. 그 핵심 신도들의 입장은 다르다. 그들은 교주가 진짜 신이거나 특별한 존재라고 정말 믿는 이들이다. 사실상 사이비 단체의 성장은 이들에게 달렸다. 그들은 대체로 교주로 인해 어떠한 '체험'을 받았거나, 또는 강렬한 어떤 '소망'을 갖고 있다. 직통계시와 시한부 종말론이 이때 자주 등장하는 단골 메뉴다. 신으로부터 직접 계시(메시지)를 받았다는 것에 넘어가는 이가 적지 않다. 질병 치료는 신도들에게 가장 약한 고리다. 교주의 행위가 의심스러워도 뿌리치기 쉽지 않다. 입신, 방언, 안수, 안찰, 영서, 환상, 꿈 등 신비스러운 체험들이 역시 사기의 수단으로 사용된다. 물론 방언, 안수, 꿈, 계시 등 그 자체가 모두 부정적이라는 말은 아니다.

정신 이상자 교주에게도 공범이 있다. 역시 최측근이다. 그들은 모두 자신들의 교주가 진짜 신이거나 그와 비슷한 특별한 존재라고 정말 믿고 있다. 교주의 정신을 그대로 이어받는 경우가 많다. 그들의 행위는 '쇼'가 아니다. '혼돈' 또는 '착각'이라 할 수 있다. 그러나 이 교주의 행태 역시 사기꾼 교주의 그것과 크게 다르지 않다. 직통계시와 시한부 종말론 등이 역시 대표적으로 이 교주들에 의해 사용되는 수단들이다. 그 외 질병 치료, 입신, 방언 등도 마찬가지다. 이들은 대체로 '돈'을 목적으로 움직이지 않는다. 규모가 작고 가난하다. 오래가지 못한다.

지금도 나에게 종종 문자를 보내고 연락하는 시한부 종말론자가 있다. 그는 내가 기자인 줄 잘 알고 있다. 그에 대한 기사를 썼기 때문이다. 그는 특별한 연도와 날짜에 세상이 멸망하고 새로운 세상이 열린다고 계속 주장한다. 특별한 신의 계시를 받았다고 한다. 그가 받았다는 계시 중 일부가 객관적으로 틀린 적도 있다. 그럼에도 그는 시한부 종말론 사상에서 벗어나지 못하고 있다. 자신의 주장을 전단지로 만들어 지역에서 돌리고 있다. 그는 가족들과 오래전에 헤어졌다. 직업도 없다. 생계유지에 매우 힘들어한다. 그는 자신과 동일한 시한부 종말론자들을 계속 찾아다닌다. 그가 나에게 연락하는 이유 중 하나는 나라도 자신의 주장을 믿어달라는 것이다. 즉, 내가 자신의 신도가 되어주기를 바라고 있다. 한편으로 안쓰러운 마음도 든다. 그에게 사기 기질이 있었다면 위에서 언급한 몇 가지의 수단을 사용했을 것이다.

나는 이 책에서 여러 교주들에 대해 이야기했다. 성폭행 교주, 섹스교 교주, 계룡산 교주, 손에서 광선이 나간다는 교주, 예언한다는 교주, 질병 치료한다는 교주 등이다. 정말 다양하다. 이러한 교주들 중 누가 사기꾼 교주에 해당되고 또 누가 정신 이상자 교주에 해당될까? 이 책을 읽는 독자들은 그리 어렵지 않게 구분할 수 있을 것으로 본다. 물론 이쪽도 저쪽도 아닌 또 다른 그룹으로 분류할 수 있는 교주들도 많이 있다.

 지인들과 만나 대화하다 보면 종종 사이비 종교가 대화의 주제가 된다. 특히 뉴스를 통해 사이비 교주들의 반사회적인 행태가 보도되면 어김없다. 사람들은 뉴스에 등장한 교주에 대한 나의 의견을 들으려 한다. 이때 내가 자주 사용하는 용어가 바로 사기꾼과 정신 이상자 교주다. 그렇게만 말해도 사람들은 '아~'하며 감을 잡는다. 그런 후 교주들이 사용한 직통계시, 시한부 종말론, 방언, 꿈, 안수 등의 도구들을 설명한다. 또한 내가 교주들을 직접 만났던 갖가지 이야기들을 풀어놓으면 정말 시간 가는 줄 모를 정도다. 직접 체험한 교주 취재 무용담은 언제나 흥미진진하다.

— 모두 그 교주 때문이죠.

끝나지 않은 상처들
....

수진 씨(가명)가 제보할 게 있다면서 연락을 주었다. 남편에 대한 이야기다. 남편은 평범한 직장인이었다. 아내를 사랑하고 또한 4살, 5살 연년생의 두 아이를 끔찍하게 사랑하는 한 집안의 가장이었다.

그런 남편이 어느 사이비 교주에 빠지게 되었다고 했다. 어느 날부터 거래처에서 새로 만난 사람과 사업과 관련해 대화해야 한다며 자주 외출을 했다. 수진 씨는 그런 줄 알고, '사업에 신중하라'는 정도로만 권면을 해주었다. 수진 씨도 작은 피아노 학원을 운영하고 있었다.

어느 날부터 남편이 종종 천국의 소리를 들어야 한다며 이어폰을 귀에 착용하고 빈방에서 혼자 중얼거리곤 했다. 거래처 사람과 대화할 때 도움이 된다고 하기에 수진 씨도 '그런가 보다' 정도로만 생각했다. 한두 달이 지난 후 남편은 가족이 모두 함께 가볼 곳이 있다고 해, 아이들과 함께 모두 어느 곳에 참석했다. 바로 사이비 교주가 운영하는 단체였다. 함께 모

나는 교주다

인 사람은 아이들을 제외하고 모두 5명밖에 안 된 작은 모임이었다. 신도 중에는 고위직 현직 공무원도 있었다. 그가 남편을 이 모임에 끌어들였던 것이다.

교주는 신의 음성을 듣는다고 했다. 천국에 대해 어쩌고저쩌고 설명을 많이 했다. 그때 신도들은 마치 자신이 신이라도 만난 듯 황홀해하며 교주의 말에 집중했다. 교주는 현재 한국 정치 상황에 대해서도 언급했다. 수진 씨의 눈에는 흔한 동네 아저씨들의 정치 넋두리 수준이었다. 교주는 한국 사람인데 미국 시민권자였다. 미국의 상황에 대해서도 이러니저러니 말을 많이 했다. 훗날 알게 되었는데, 교주는 미국에서 이혼하고 한국으로 들어온 사람이었다.

수진 씨는 그 모임에 첫날 참석하고 '이게 아니다'라는 판단이 바로 들었다. 결혼 전까지 일반적인 신앙생활을 한 게 적지 않게 도움이 된 셈이다. 적어도 '사이비'에 대한 구분을 할 줄은 알았다. 이제껏 남편이 자신을 속이고 이곳에 출입했다는 것을 알게 되었다. 가정불화는 이때부터 시작됐다.

수진 씨는 남편과 자주 충돌했다. 말이나 행동에서 서로 조심하려고 했지만, 쉽지 않았다. 시간이 흐를수록 부부 싸움의 강도가 점점 심해졌다. 부모의 싸움을 보고 어린아이들도 자주 울었다.

— 너무도 슬프죠. 우리가 왜 이렇게 되었는지. 정말 한순간이에요. 모두 그 교주 때문이죠.

남편은 그 교주를 더욱 자주 만나러 나갔다. 휴일이면 아예 그 모임에 하루 종일 있어야 한다며 외출했다. 또 집에 오면 방에 혼자 들어가 천국의 소리를 들어야 한다며 중얼거리기 일쑤였다. 수진 씨가 가장 참을 수 없었던 것은 남편이 아이들에게 엉뚱한 소리를 하는 것이었다.

— 정말 어이가 없었죠. 제가 정말 참을 수 없었던 것은 남편이 어린아이들에게 엄마, 즉 바로 저를 말하는 것이죠, 엄마는 마귀니까 엄마의 말을 들으면 안 된다고 하는 것이었어요. 정말 뭐라고 말할 수 없을 만큼 답답하고, 화가 났어요.

남편이 아내를 '마귀'라고 표현한 이유는 자신이 섬기는 교주에 대해 부정적으로 말을 하고, 자신이 그 단체에 가는 것을 막으려고 하고 또한 자신이 방에서 천국의 음성 듣는 행위를 방해하기 때문이라고 했다. 그럼 사이비 교주에 빠져, 매일 이상한 행동을 하고 있는 남편의 모습을 보고 박수치는 아내가 어디 있겠는가?

수진 씨가 보내준 제보 내용을 근거로 교주의 반사회적인 행태 등을 취재, 보도했다. 수진 씨의 간절한 부탁이 하나 있었다. 기사 내용에서 남편의 이름을 빼달라는 것이었다. 관련 사진에서도 남편의 얼굴을 가려달라고 요청했다. 기사의 사실성이 조금 떨어지기는 하겠지만, 수진 씨의 부탁을 들어주기로 했다. 공무원인 신도와 교주와의 관계에 초점을 맞추어 기사를 작성했다.

기사가 보도되자, 남편이 크게 화를 냈다. 도대체 기자가 자신의 교주와 단체에 대해 어떻게 알았는지 모르겠다며 분을 삭이지 못했다. 그러

나는 교주다

면서 아내가 제보했다는 사실은 눈치채지 못했다. 그러면서 이런 말을 던졌다.

— 그런데 참 이상하단 말이야. 이 기사에서 왜, 내 이름은 안 나왔지? 신도들과 함께 찍은 단체 사진에서도 내 얼굴이 가려졌고….

수진 씨는 '이혼'까지도 생각했다. 주변에서도 많은 권면을 받았다. 수진 씨도 정말 그렇게 하고 싶었다. 더 이상 남편의 사이비 교주 숭배 놀이를 보고 싶지 않았다. 그렇지만 막 커가는 아이들을 생각하면 그렇게 쉽게 결정을 내릴 수도 없었다. 착한 남편이 무엇엔가 홀려 있다고 생각했다. 교주의 악한 기운이 벗겨지기만 하면 될 것 같았다. 그래도 아이들은 끔찍하게 사랑하는 아빠가 아닌가. 조금만 더 참기로 했다. 조금만 더….

약 1년의 시간이 흘렀다. 2명의 신도가 그 교주에게서 이탈했다. 두 번의 취재 기사가 결정적인 역할을 한 셈이다. 핵심 신도인 고급 공무원의 활동이 위축되었다. 탈퇴한 또 다른 신도 한 명이 정부 청사 앞에서 그 공무원 신도의 이름을 부르며, 교주의 사이비 행각이 적힌 전단지를 나눠주는 등의 1인 시위 행동을 했기 때문이다. 하지만 그럴수록 수진 씨의 남편은 더욱 교주에게 밀착됐다. 직장생활을 통한 월급도 대부분 교주를 위해 사용했다. 교주의 심복이 되었다.

어느 날 수진 씨는 남편으로부터 청천벽력 같은 말을 들었다. 남편이 교주 따라 미국으로 간다는 것이다. 교주가 세우고자 하는 신의 나라를 함께 세우기 위해서라고 했다. 한국에서 실패했기 때문에 미국에서 다시 시작한다는 것이 이유라고 말했다. 그 남편은 교주를 위해 자신이 중차대한 역할을 맡았다며 오히려 좋아했다.

수진 씨는 남편의 미국행을 말렸다. 눈물을 흘리며 애원했다. 차라리 자신이 그 단체에 출석할 테니 미국에 가지 말라며 매달렸다.

— 가지 말라고 말렸어요. 울며 애원했어요. 내가 어떻게 지금까지 참았는데, 이렇게 떠나버리면 어떻게 해요. 차라리 제가 그 단체에 가겠다고까지 했어요. 그 이후에 어떤 방법이 있겠죠. 망해버린 교주 따라 미국 가면 뭐하겠어요? 그냥 종노릇하고 버림받을 뿐이죠. 내가 이렇게 말리니, 남편도 미국행에 조금 주저했어요. 바로 아이들 때문이죠. 정말 많이 사랑했거든요.

결국 남편은 미국으로 떠났다. 교주의 손아귀에서 벗어나지 못했다. 교주가 세우겠다는 사이비 신의 나라를 세우기 위해서 가족을 버리고 미국에 갔다. 아내의 심장을 멍들게 하고 또 어린 자식의 가슴에 못을 박고 그는 떠났다. 사이비 교주를 따라서.

가끔 수진 씨가 연락을 준다. 남편의 소식을 나에게 묻는다. 자신에게는 남편이 미국으로 떠난 지 서너 달쯤 지나서 손편지 하나 온 게 전부라고 했다. 미국에 간 그 교주와 단체의 소식이 있냐고 나에게 물었다. 교주의 근황이 궁금했을까? 아니다. 이를 통해 남편의 소식을 혹시라도 전해들을 수 있지 않을까 하는 마음이었을 것이다.

10여 년이 흘렀다. 문득 그때의 사건이 생각났다. 남편은 돌아왔는지, 만약 돌아왔다면 또 어떻게 지내는지 등에 대해 궁금했다. 내가 연락을 취했다.

— 네. 기자님. 반가워요. 정말 오랜만이네요. 저는 잘 지내고 있어요. 아
   이들도 이제 다 컸지요. 저는 아직 작은 피아노 학원을 운영하고 있어
   요. 먹고 살기 위해서 어쩔 수 없지요. 하하.

   남편은 돌아오지 않았다. 남편이 미국 갈 때 직장의 퇴직금, 보너스 등
의 돈을 모두 가지고 가버렸다. 당장 생활이 어려웠다. 슬퍼할 여유조차
없었다. 어린 두 아이를 혼자 책임지고 살아가는 게 결코 쉽지 않았다. 그
나마 피아노 학원을 운영하고 있었던 게 다행이었다. 정말 정신없이 시간
이 흘렀다. 남편은 이후 어떠한 연락도 없었다. 수진 씨가 연락을 취할 방
법도 전혀 없었다. 그냥 기다리는 것뿐이었다. 지금도 마찬가지다. 남편
을 빼앗아 간 사이비 교주, 그것에 의한 상처는 수진 씨의 마음에, 또 자
녀들의 인생에 그대로 남겨져 있다.

—좋아. 내가 면전에서 참된 교육을 시켜주겠어.

나는 어떻게 교주들을 추적하게 되었는가

나는 어쩌다가 사이비 종교(교주)를 취재하는 기자의 길을 걷게 되었을
까? 그 계기가 있었다. 나는 대학에서 물리학을 전공했다. 언론, 기자, 문
학 등과는 거리가 먼 이과 출신이다. '기자'라는 직종에 대해서는 관심도
없었다. 대학 4학년, 졸업을 앞둔 11월에 취직을 위해 입사 원서를 작성
하고 회사 여러 곳에 그것을 제출했다. 예비 대졸자 취업 시즌이었다. 당
시 대기업에서는 5천 명, 1만 명씩 신입사원을 채용했다. 4년제 대졸자는
어렵지 않게 취업을 할 수 있었다. 물론 자신의 전공을 그대로 살려가는
것은 그때나 지금이나 쉬운 일은 아니었다.

입사 원서를 제출하고 1차 서류 합격, 2차 면접 등의 순서를 기다리는
시간이 약 1~2개월 걸렸다. 도서관에서 우연히 신문을 펼쳐보다가 '모
기독교월간지 기자 모집'이라는 광고를 보게 되었다. '기자'라는 직업군
에 나에게는 매우 생소해 보였다. 관심도 없었고, 또 그쪽 분야의 공부를

하지도 않았다. 단지 '기독교 회사'라는 데 조금 관심이 갔다. 기독교 회사를 가고 싶은 마음 때문은 결코 아니었다. 오히려 그 반대였다. 고등학교 2학년 말부터 신앙생활을 시작한 나는 대학교를 졸업할 때까지 열심히 신앙훈련을 받았다. 빛과 소금의 역할을 감당하는 인생을 살기로 다짐하기도 했다. 그러려면 빛이 없는 곳, 맛이 없는 곳에서 내 역할을 찾아야겠다는 생각이 평상시 있었다. 따라서 기독교 회사는 일부러 가지 않으려고 했었다.

그런데 그 기독교 회사에 이력서를 제출했다. 오만함이 조금 작동됐다. '나 정도면 그 작은 회사에 당연히 합격되겠지…. 그런데 나는 안 다니겠다고 당당하게 말할 거야. 왜? 나는 빛이 없는 회사로 가야 하니까.' 또 일반 회사 입사 원서를 제출한 후 기다리는 시간이 지루하기도 했다. 다시 말해 그 기독교 회사에 이력서를 제출한 것은 그냥 심심해서 시간 보내기 위한 일이라 생각했다.

이력서를 낼 때 회사 여직원은 일주일 안에 합격 여부를 통보하겠다고 분명히 말했다. 시간이 지났다. 입사 합격했다는 전화가 당연히 올 것이라 여겼는데 아무 기별이 없었다. 약속대로 연락이 오지 않으니 화가 많이 났다. '이런 식으로 약속을 지키지 않으니 기독교가 욕을 먹는 것이지….'

그 회사에 전화를 걸었다. 그 여직원이 또 받았다. 그 직원에게 조목조목 따졌다. 이력서를 보낸 사실을 확인시켜주고, 합격 여부 통보를 언제까지 해준다는 회사 측의 약속도 주지시켰다. 그리고 합격 여유를 알려주지 않은 점을 지적했다. 그 직원은 계속해서 '죄송합니다'라며 작은 목소리로 응답했다. 심지어 '기독교 회사가 이런 식으로 일처리를 하면 됩니까? 아무리 작은 약속이라도 약속을 지켜야….'라는 내 꾸지람에 그 여직원은 쩔쩔맸다. '여보세요?' 어떤 남자 직원이 전화를 가로챘다. 그는 자신을 회사 데스크라고 소개했다. 그는 시간이 되면 내일 얼굴 한번 보자고 했다. 그때 데스크가 무슨 의미인지도 몰랐다. 안 될 게 뭐 있나? 나는 좋다고 흔쾌히 받아들였다. '그래, 좋다. 내가 면전에서 참된 교육을 시켜주겠다. 기독교가 무슨 자기들 회사에 액세서리인 줄 알아….'

다음 날 약속 시간에 맞춰 회사 바로 옆 커피숍으로 갔다. 마치 쏟아부을 미사일 한 보따리를 가지고 의기양양한 자세로 앉아 기다렸다. 나보다 열 살 정도 많아 보이는 남자가 들어왔다. 서로 통성명을 하고 다시 자리에 앉았다. 잠시 침묵이 흘렀다. 나는 상대가 먼저 말 한마디 하기를 기다렸다. 내 미사일 발사 버튼의 뚜껑을 열어놓았다. 그가 먼저 말을 던졌다.

— 우리 회사에 오셔서, 저희와 함께 일해보시면 어떻겠습니까?

— 네? 어….

내가 핵미사일을 먼저 맞았다. 전혀 생각지 못한 입사 제안이었다. 그 미사일이 취업준비생 인생에 '쑥~' 파고들어왔다. '어, 이게 아닌데…. 기독교 회사는, 오라고 해도 안 간다고….' 이렇게 당당하게 말하는 게 내 소신이었는데, 그 말이 입 밖으로 나오지 않았다. 오히려 자세를 고쳐잡고 이렇게 대답했다.

— 아, 네…. 그렇게 하겠습니다. 그럼 언제부터 출근을….

— 내일부터 당장 출근하실 수 있으면 좋겠어요. 수습 기간을 먼저 해야

　할 것 같고….

　'아~' 다음 날부터 그 회사로 출근을 했다. 그렇게 기독교 언론사 수습기자 생활이 시작됐다. 무엇엔가 인생이 끌려가는 것 같았다. 훗날 데스크에게 당시의 상황에 대해 이야기를 들었다. 취재기자 1명을 뽑는 자리가 생겼다. 사이비 종교와 이단 종교를 조사하고 기사를 작성하는 일이었다. 신문 공고를 내니 며칠 만에 100여 장의 이력서가 도착했다. 유명 대학교 신방과(신문방송학과)를 졸업한 사람은 물론 이미 언론사 취재기자 경력의 소유자도 적지 않았다. 내 이력서는 보자마자 열외로 분류해 놓은 상태였다.

　하지만 사이비 종교 취재 특성상 기자에게는 깡다구(용기)와 함께 추진력도 있어야 한다. 이것은 이력서만 가지고 구분하기는 어려운 문제여서, 데스크는 고민하고 있었다. 그러던 중 무슨 입사 지원자가 전화를 해서 여직원을 혼내고 있었다. 그 모습을 옆에서 보면서 데스크는 오히려 긍정적으로 판단했다. 그래서 얼굴 한번 보자고 한 것이었다.

　어쨌든 비록 수습 3개월의 조건이 붙었지만, 기자 생활이 시작되었다. 3개월 동안 내가 할 일은 책상에 가만히 앉아서 선배들의 기사들을 읽고 요약 정리하고, 질문에 답하는 것이었다. 일반적인 성경공부와 신앙훈련은 많이 받았지만, 이단의 '이'자, 사이비의 '사'자도 모르는 상태였다.

　일주일이 지났다. 선배들은 취재하러 많은 시간 자리를 비웠다. 취재부 사무실엔 나와 그 여직원 한 명만 남아 있을 때가 많았다. 너무도 지루

했다. 2주째가 지나갈 시점, 이 일이 나에게 맞지 않는다고 판단했다. 내 전공, 내 성향 등 모든 부분에서 내 길이 아니었다. 그다음 주까지만 있기로 마음먹었다. 그래야 한 달 치 월급이라도 받을 수 있었다.

그날, 나에게 역사적인 사건이 발생했다. 점심 식사 후 식곤증이 올 만한 시간에 남녀 한 커플이 사무실 문을 두드리며 찾아왔다. 둘은 친구 사이라고 했다. 여자 쪽이 사이비에 빠졌다. 논쟁 끝에 상담을 받아보자며 남자가 여자 친구를 데리고 신문사로 찾아온 것이었다. 신문사 사무실에서는 이단 상담, 사이비 상담이 자주 벌어지곤 했지만, 선배들의 몫이었다. 나는 일단 아는 게 없어서 뭘 할 수도 없었다.

  하지만 그날따라 선배들이 오후 내내 들어오지 않았다. 그 커플은 언제 상담할 수 있냐며 보챘다. 급기야 나에게 상담을 요청했다.

  '내가?'

  나는 여자가 빠졌다는 그 사이비에 대해서도 자세히 모르는 상태였다. 지금 와서 보면 넷플릭스 〈나는 신이다〉에 등장할 정도로 유명한 단체였다. 무슨 인연에 끌렸는지, 아니면 마침 지루한 시간을 보내고 있어서였는지, 그들 앞으로 자리를 옮겼다. '선배들이 올 때까지만⋯.'이라는 단서를 달았다. 사이비에 대해서는 아는 게 없지만, 일반적인 기독교 신앙에 따른 이야기라면 가능할 것 같았다.

  ― 그곳에서도 성경을 보나요?

  ― 네, 그럼요⋯.

나는 교주다

성경에서 제일 중요한 주제인 '복음'에 초점을 맞춘 상담이 시작되었다. 나는 당시 다니는 교회에서 암송으로 상까지 받을 정도로 신앙훈련이 잘되어 있는 상태였다. 기독교 신앙의 이론을 설명하고 그 증거로 성경을 즉석에서 찾아서 제시하는 방식으로 대화를 했다. 그 여자의 얼굴빛이 점차 붉어졌다. 자신은 그 단체에서 그와 같이 배우지 않았다고 했다. 대화는 계속됐다. 결국 그 여자는 자신이 잘못 배우고 있었다고 시인했다. 그리고 그 사이비 단체에 가지 않겠다고 고백했다. 남자 친구의 표정을 살펴보니 말은 못 해도 뛸 듯이 기뻐하고 있었다. 마지막으로 성경에서 말한 예수님을 영접해야 한다는 제안도 그 여자는 받아들였다. 그 커플이서로 손을 잡게 하고 내가 예수님 영접 기도까지 안내했다. 그들은 그대로 따라했다. 고개를 든 그 여자의 표정이 훨씬 밝아졌다. 그들은 수십 번인사를 한 후, 사무실을 나갔다. 사무실에 있던 사람들에게서 환호성과함께 박수가 터져 나왔다. '잘했다, 훌륭하다, 이제껏 사이비 상담하면서예수님 영접하고 돌아간 예는 처음이었다'는 등 격찬이 이어졌다.

사실, 상담하는 도중 선배들이 하나둘 사무실로 들어왔다. 그때 자리에서 일어나 상담을 선배들에게 맡겼어야 했다. 그러나 대화가 너무 잘진행되고 있는 중이었다. 상담자가 중간에 바뀌는 것은 내담자들에게 큰실례가 될 수도 있다. '상담 자리를 넘겨주어야 하나'라는 고민이 살짝 들었다. 그 순간 나는 다음 주에 사표를 낼 사람이라는 생각이 들어 상담을내가 그대로 진행하기로 했다. 한 번 혼나고 말지 뭐….

그런데 이게 무슨 일인가. 급반전의 상황이 벌어진 것이 아닌가. '아,

이게 무슨 의미지…' 다음 주에 회사를 그만둘 생각을 했는데…. 그게 아닌가? 능력도 없고, 관심도 없었던 '사이비 종교' 게다가 '취재기자'의 일에 어쩌면 내가 필요할지도 모른다는 생각이 점점 커졌다. '기자 인생' 한번 도전해 볼까? 2 ~ 3일 고민의 시간을 가졌다.

그리고 결심했다.

'5년간, 소위 발에 땀이 나도록 열심히 뛰어보자. 이쪽 분야에서 인정을 받아보자'는 마음을 먹었다. 이후 회사에는 나와 동갑인 기자 2명이 더 들어왔다. 한 명은 대학교 학보사 출신 경력이 있었고, 또 다른 한 명은 이미 일반 언론사 경력까지 가지고 있었다. 그들은 취재 현장에 바로 투입이 되었지만, 나는 여전히 자료 읽고 글쓰기 훈련을 받는 중이었다. 그 동료들을 선배로 여기고 몇 배 더 열심히 노력했다.

당시에는 200자 원고지에 직접 펜으로 기사를 썼다. 기사 한 건당 분량은 200자 원고지 30 ~ 40매 정도였다. 기사를 쓰고 제출하면 데스크가 빨간펜으로 '쓱-쓱-' 밑줄을 치고, 원고 내용에 의견을 제시하고 다음 날 아침까지 다시 써오라고 퇴짜를 놓았다. 그러면 밤을 새워 그 원고를 다시 작성하기를 정말 밥 먹듯이 반복했다. 원고를 작성하는 팔이 너무 아파 몇 줄 동일한 문장일 때는 이전 원고지를 칼로 오려 붙이기는 일도 많았다.

그렇게 해서 기사 생활 만 5년이 되었다. 사이비 종교 취재기자로서 충분히 인정을 받는 단계까지 올라갔다고 스스로 판단했다. 뭐, 그것을 구분해주는 기관이나, 시스템이 존재하지 않기 때문에 내 자의적 판단밖에

나는 교주다

없었다. 그래도 나는 그런 자부심을 가지고 기자 생활을 하고 있었다. 그때, 나에게 놀라운 스카우트 제안이 들어왔다. 친인척이 운영하는 회사에서 관리자가 필요하다는 것이다. 대학교 4학년 때 내가 들어가고 싶었던 회사와 꼭 닮은꼴이었다. 당연히 언론사도, 기독교 회사도 아니었다. 어쨌든 그 사장님이 나를 '콕' 찍으며 입사를 제안한 것이다. 회사 근처에 집을 마련해주는 것은 물론 당시 막 출시되는 자동차까지 제공해준다는 파격 조건이었다. 월급은 다니던 언론사보다 3배가 많았다. 정말 꿀 같은 제안이었다. 고민이 많았다. 회사에서는 전혀 모르는 일이었다. 어찌할까?

다시 결론을 내렸다. '5년을 이곳에서 더 뛰어보자. 이제는 이 분야에서 탑Top이 되어 보자'라는 생각으로 굳어졌다. 사이비 종교 취재기자로서 탑이 된다고 유명해지는 것도 아니고, 물질적으로 더 풍요로워지는 것도 아니었다. 오히려 경제적으로 궁핍한 순간도 있었다. 회사가 파산의 위기에 빠졌다. 그것을 막아본다고 2년간 월급도 제대로 받지 못하면서 충성을 다하기까지 했다. 사이비 종교 취재기자로 탑이 된다는 게 과연 무슨 의미가 있을까? 당시 왜 나는 그런 무모한 결정을 했을까?

그리고 정말 입사한 지 10년이 되었다. 그동안 꽤 많은 사이비 교주들을 직접 만나 취재를 했다. 황당한 일, 웃기는 일, 위험한 일, 어처구니없는 일 등, 사이비 교주들과 어울리며 정말 많은 경험을 했다. 나는 이 분야에 탑이 되었다고 감히 스스로 말할 수 있을까? '그. 렇. 다.' 나는 그렇다고 생각했다. 최소한 나와 함께 일했던 이들도 그렇게 인정해줬을 것이라 본다.

그렇게 사이비 종교 취재 기사의 길로 들어온 지 10년이 되었을 때 미국 유학의 길이 나에게 주어졌다. 이때 나는 그 길을 선택했다. 인생에 변화를 주고 싶었다. 사실 기자의 일을 그만두려고 떠난 점도 있었다. 사이비 취재기자라는 일에 의한 긴장감과 스트레스가 컸다. 그런데 유학을 마친 3년 뒤 나는 다시 그 자리에 앉았다. 사이비 교주를 취재하는 자리.

— 이론적으로 내가 신이다.

요즘 교주, 과거 교주

사이비 교주를 취재해 온 지 30여 년이 됐다. 요즘 교주와 과거 교주를 비교해보면 어떨까 하는 생각이 들었다. 요즘과 과거의 기준을 30년 전후로 잡아 보았다. 그러니 몇 가지 특징을 발견할 수 있었다.

지난해(2023) 넷플릭스에서 방영된 〈나는 신이다〉가 우리네 사회에 적잖은 충격을 준 것이 사실이다. 신처럼 행동하며 사회적 문제를 일으킨 4명의 교주와 관련된 이야기였다. 다수의 피해자들이 실제적인 증언을 해주었다. '나도 저 사람과 같은 피해자가 될 수 있다'는 공감을 불러일으켰다. 〈나는 신이다〉는 사실 빙산의 일각에 불과하다. 지금도 우리 주변에는 수많은 사이비 교주로 인한 유혹의 손길이 스쳐 지나가고 있다.

요즘 교주와 과거 교주 사이에는 어떤 특징들이 있을까. 먼저 자체 교리로 무장하고 있느냐의 차이를 들 수 있다. 요즘 교주들은 과거에 비해 이론(교리)으로 무장하고 있는 경향이 짙다. 요즘 교주들은 나름대로 체계적인 교리를 구성해 놓았다. 신도들에게도 교리공부를 강조한다. 기독교 옷을 입고 있는 사이비는《성경》을 사용하고, 불교 계통의 사이비는《격암유록》등을 주로 많이 사용한다.

나는 기독교를 이용하여 나타난 사이비들을 주로 취재해 왔다. 그들은 《성경》의 특정 내용(주로 요한계시록)을 자신들만의 특정 교리로 만들었다. 신도들로 하여금 확신을 갖도록 하는 데 '교리'만큼 훌륭한 것은 없을 것이다. 그런 교리로 확신을 갖기만 하면 '교주 증명사진을 갖고 다니기만 하면 교통사고를 당하지 않는다', '죽은 교주의 영이 ○○○에게로 들어갔다'는 등의 말도 어렵지 않게 믿게 된다. 주변에 요한계시록 강연회 또는 성경강연회 등의 집회 소식을 알리는 광고가 눈에 자주 보인다. 자신들은 단단한 이론으로 무장되어 있다는 뜻이다. 그렇게 정립된 이론의 결과가 교주 신격화라고 하니 정말 어불성설이라 말하지 않을 수 없다. 특정한 인간을 신으로 또는 신과 유사한 특별한 존재로 추앙하고 따르는 행위가 모두 여기에 속한다.

이론으로 무장한 요즘 교주가 대체로 성공하는 이유는 무엇일까? 우리 국민의 지적 성장과 무관하지 않을 것이다. 6·25 전쟁 이후 한국 경제는 최빈국에서 세계 10위권으로 급성장했다. 그에 걸맞게 국민 대졸자 비율 역시 세계 최상위권에 계속 유지되고 있다. 즉, 이제 한국 국민은 경제력은 물론 지적 능력도 최상위 수준이라 할 수 있다. 이런 수준의 우리 국민에게 과거처럼 '내가 신이다'라는 노골적인 주장부터 내놓으면 잘 먹히지 않는다. 그것을 위한 특별한 이론이 있어야 한다. 그 이론이 조금 어려 워도 괜찮다. 오히려 이론이 어려울수록 더 좋은 결과를 낳을 수도 있다.

반면에 한국의 정상적인 교회 단체의 모습은 어떠한가? 새 신자가 교회에 찾아올 경우 '이론 교육'보다는 '등록'을 중요하게 여기는 경향이 많다. 물론 새 신자 교육이라는 것도 있다. 고작 4~5주 정도에 불과하다. 그것도 목사 소개, 교회 건물 소개, 교역자 소개, 예수님 소개 정도면 끝이다. 이후 남전도회, 여전도회, 청년부 등 부서로 배치된다. 대체로 친목 모임이다. 이제부터는 전도사 등으로부터 '관리'를 받게 된다. 교인 이탈 방지가 관리의 최대 목표라고 하면 심한 표현일까? 관리를 제대로 못했을 경우 담임으로부터 꾸중을 듣고, 심지어 월급이 줄어드는 경우도 있다. 물론 모든 교회가 이렇다는 것은 결코 아니다. 어쨌든 사이비의 '이론 무장' 방향과 반대로 가는 경향이 정상적인 교회에서 많이 나타난다는 게 마음 아픈 일이다.

올바른 신앙 단체에서 신앙생활을 시작한 이는 신앙의 이론(교리)를 깊이 있게 알아가기를 원한다. 영적 만족과 함께 지적 만족도 갈구한다. 당연한 일이다. 예를 들어 기독교 신앙을 시작한 이는 성경의 깊이 있는 이야기로 눈물을 흘리고 싶어한다. 성경의 내용으로 무릎을 치며 놀라움을 발견하고 싶어한다. 그것을 같은 신앙인들끼리 함께 나누며 기쁨을 배가하기를 원한다. 그런데 그 신앙 단체(교회)가 그것을 추구하기보다는 헌금, 봉사, 직분, 건축 등을 주된 목표로 달리기만 한다면 신앙인의 마음은 어떻게 되겠는가? 노래 가사처럼, '총 맞은 것처럼' 뻥 뚫리지 않겠는

가. 그런 신앙인들은 사이비 교주의 '밥'이 되기 딱 좋다.

과거 사이비들은 노골적인 '교주 신격화' 상황이 요즘보다 더욱 심각했다. 여러 형태의 교주 '안수 행위'가 존재해 왔다. '밀가루 안수'라는 것도 있었다. 교주가 안수한 밀가루는 더 이상 일반 밀가루가 아니라고 했다. 소위 만병통치약이 된다고 신도들은 믿었다. 그들은 교주가 안수한 그 밀가루를 빵 만들 듯 반죽해서 아픈 부위에 올려놓으면 된다고 믿는다. 교주는 훗날 공식 인터뷰 시간에 '민간요법'에 해당하는 것을 사용했을 뿐이라며 특별 안수를 부인하기도 했다(사실 밀가루를 반죽해서 붙이는 민간요법이 있긴 하다). 그 외 생수 안수, 우물 안수, 파스 안수, 축사 안수(귀신을 쫓는다는 안수), 눈 뒤집어 까는 안수 등 종류도 여러 가지다. '안찰'이라는 것도 있다. 손으로 때린다는 행위다. 가볍게 툭툭 치는 것에서부터 신도들의 따귀를 내리치는 행위까지 역시 여러 가지다. 또한 어느 특정 지역을 천국, 에덴동산, 종말의 피난처 등으로 부르며 신도들을 대거 이주시키는 일들도 꽤 있었다. 그러한 일들은 요즘에도 적게나마 나타난다. 우리가 정말 다시 생각해보아야 할 일들이다. 이러한 일들이 그리 오래전이 아니다. 불과 20~30년 전일 뿐이다.

　앞서 국민의 경제적, 지적 수준이 요즘과 과거의 사이비를 구분하는 요소라 할 수 있다고 얘기했다. 누군가가 '내가 하나님이다. 재림예수다. 나를 따르라' 또는 '나에게 안수받으면 모든 질병이 낫는다', '나에게 만병통치약이 계시로 내려왔다'고 그냥 떠들고 다니는 사람이 있다고 해보

자. 그 반응을 비교하면 요즘과 과거 사람들 사이에는 차이가 있다. 그런데 위와 같은 '엉뚱한' 소리에 적절한 '이론'이 붙으면 요즘도 과거와 크게 차이 나지 않는 것으로 보인다.

둘째는 사이비 교주들의 반대 세력 대응 태도다. 20~30년 전만 해도 교주들은 신도들을 동원해 자신을 비판하고 연구하는 기관이나 신문, 방송 언론사 등을 직접 찾아가 물리적으로 실력 행사하는 일이 잦았다. 출입문을 부수거나 책상을 뒤엎고, 심지어 연구원과 기자들을 폭행하기도 했다. 공영 방송국을 점령하여 방송에 차질이 발생한 적도 있었다. 심지어 한 사이비 이단 연구가가 모 신도에 의해 칼에 찔려 사망한 어처구니없는 사건이 발생하기도 했다.

그러나 요즘 교주들은 대체로 그렇게 하지 않는다. 어설픈 물리적 행동은 오히려 자신들에게 손해가 된다는 것을 잘 알고 있기 때문이다. 곳곳에 CCTV가 설치되어 있으며, 또 개인 휴대전화가 언제든 녹음과 영상 촬영으로 동원될 수 있는 시대다.

그 대신 법적 고소 사건이 대폭 늘었다. 언론사를 상대로는 출판물에 의한 명예훼손 소송이 폭발적으로 늘었다. 이것이 요즘 교주들의 특징이다. 따라서 기자는 단어 하나, 문장 하나에 더욱 신중해야 한다. 취재할 때 심증보다 물증 중심으로 진행해야 하는 이유가 바로 여기에 있다. 사이비 교주들 중 어떤 이는 신문 방송에 자신을 비판하는 보도가 나올 경우 무조건 먼저 소訴를 제기하는 경우도 있다. 법정 싸움을 하면 자신이 패소할 것이 뻔한데도 그렇게 하는 경우가 있다. 이유는 법적 승소가 아니라, 내부 단속용이라 할 수 있다. 자신을 비판하는 신문 방송 보도로 인해 동요되는 신도들을 안심시키기 위한 게 주된 목적이다. 교주는 언론에 보도된 내용은 모두 거짓말이고, 또 증인들도 돈 때문에 사주받은 것이라고 떠든다. 신도들을 대거 동원하여 교주 결백을 증명한다는 집회를 갖기도 한다.

다행스럽게도 상당수 법원의 판결은 사이비 연구가의 손을 들어 주었다. 이는 '사실을 적시하여 어느 개인의 명예를 훼손하였다 하더라도 그 행위가 진실한 사실로서 오로지 공공의 이익에 관한 것이면 처벌하지 아니한다'(형법 제310조)라는 법의 기준 때문이다. 또한 종교 문제에 관한 대법원의 판결(대법원 1996.9.6. 선고 96다19246, 19253 참조)이 사이비 연구가들에게 적지 않은 힘이 되고 있다. 종교적 목적을 위한 언론, 출판 행위는 고도의 보장을 받게 된다는 내용이다.

이제 사이비 교주에 어떻게 대처해야 할까? 기독교 신도들 입장에서라면, 요즘 사이비 교주든 과거 사이비 교주든, 아니면 미래 사이비 교주라 할지라도 그 구분의 핵심은 경전에 대한 '올바른 해석'이다. 기독교 관점에서는 '성경해석'이다. 약 5백 년 전, 이 땅의 기독교가 심각하게 부패했을 때 '오직 성경 sola scriptura' 등을 기치로 종교개혁을 일으켰던 믿음의 선배들의 가르침에서 벗어나지 않아야 한다.

신자와 비신자를 가리지 않고, 무엇보다 중요한 것은 앞서 언급한 바

있듯 '사랑'이다. 우리네 가정과 올바른 신앙 단체가 서로 사랑하는 관계로 충만하면 사이비 교주는 이 땅에 발붙일 곳을 얻지 못한다. 다시 한번 언급하지만, 사이비 교주에 빠진 사람들 중 상당수는 교주 신격화 등 사이비 교리가 훌륭해서 그곳을 선택했다고 보기 힘들다. 사랑의 부족 때문이다. 그들도 우리도 모두 사랑을 갈구한다는 점에서 다르지 않다.

— 특별한 인간이 없는 곳이 차라리 좋다.

신앙인들에게 보내는 편지

사이비 교주에 걸리지 않으려면 어떻게 해야 할까? 나보다 우리 자녀들
이 더욱 걱정이다. 그들은 앞길이 훤하게 열려 있지 않은가. 어떻게 하면
우리네 자녀들이 사이비 교주의 손아귀로부터 벗어나 안전한 인생을 살
아가도록 할 수 있을까? 아예 친구를 만나지 말라고 할까? 아니면 주변
에 어떠한 종교라도 그것과 관련이 있는 사람이 있다면 친구든, 직장인이
든 그와의 모든 관계를 철저하게 끊으라고 하면 될까? 그러면 될까?

법을 만들어 제재하면 될까? 소위 '종교법'을 만들자고 주장하는 이들
도 있다. 다시 말해 '사이비'를 법으로 규정해 교주와 그 관계자들을 처벌
하자는 것이다. 매우 효과가 있고 그럴듯해 보인다. 그러나 그 '종교법'이
라는 것도 결코 쉽지 않다.

먼저 사이비를 정의하는 것 자체가 매우 어렵다. 어떻게 정의할 수 있
을까? 성폭행, 금품 갈취, 노동 착취 등의 현상이 나타나면 사이비 종교

인가? 그렇게 정의할 수 있나? 그것도 쉽지 않다. 성폭행 등의 악행은 종교법이 없어도 일반법으로도 얼마든지 처벌할 수 있다. 그리고 안타까운 일이지만, 정상적인 종교 단체 내에서도 또는 일반 사회 단체 내에서도 그러한 일들이 얼마든지 발생할 수 있다. 언론을 통해 그러한 일들이 또 심심치 않게 보도되기도 한다.

또 하나, '종교법'이 헌법과 충돌할 수 있다는 점이다. 우리나라는 종교의 자유가 있는 국가다. 누구든 종교적 행위를 할 수 있다는 의미다. 그것이 헌법으로 보장되어 있다. 이러한 종교의 자유라는 법 테두리 안에서 사이비를 정의한다는 게 결코 쉽지 않다.

그럼에도 불구하고 '종교법'이라는 것을 만들 수는 있다. 그럴 경우 더욱 우려스러운 문제가 생길 수 있다. 그 종교법의 헤게모니hegemony, 즉 주도권(패권)을 누가 잡느냐 하는 것이다. 당장은 정상적인 종교 단체의 대표자들 가운데 누군가가 수장의 자리에 앉을 것이다. 그렇게 종교법을 다루는 직책에 있는 이들에게는 막강한 권한이 주어질 것이다. 사이비를 규정하는 일은 물론이거니와 처벌과 해벌(형벌을 풀어 줌) 등에 대한 일들이다. 이러니 이 권력을 누가 차지할 것인가에 대한 입김도 적지 않을 것이다.

자, 이제 생각해보자. 막대한 자금과 단체의 세를 가지고 있는 사이비 교주들이 그 자리를 노리지 않을까? 내가 사이비 교주라면 모든 방법을 동원해서 그 수장의 자리에 도전할 것이다. 그래야 교주의 생명이 보존된다. 종교법의 수장이 되기만 하면, 그것을 위해 물 쓰듯 지출했던 재정도 어렵지 않게 해결된다. 그뿐인가. 자신의 은밀한 만족도 더욱 누릴 수 있게 된다. 왜? 법이 자신의 손아귀에 들어와 있기 때문이다.

물론 이러한 염려들이 발생하지 않도록 세밀하게 법을 제정한다면 가능할 수도 있을 것으로 보인다는 의견도 존중하지만, '종교법'의 부작용은 정말 상상만 해도 끔찍할 수 있다는 것이다.

사이비 교주에 걸려들지 않기 위해, 사이비 단체에 빠지지 않기 위해 당장 현실적으로 행할 수 있는 게 있다면 무엇일까? 다음의 몇 가지를 제안해 본다.

첫째, 지극히 평범하고 정상적인 신앙생활을 하는 것을 적극 추천한다. 다시 말해 올바른 신앙생활을 하는 것이야말로 사이비 종교에 빠지지 않는 첩경이다. 신에 대한 올바른 개념과 믿음이 있어야 사이비를 구분해 낼 수 있다. 올바른 신앙은 '진리'를 추구한다. 사이비 종교는 대부분 교주의 '만족'을 추구한다.

이왕 신앙생활을 하려면 적극적으로 활동하기를 또한 권면한다. 어설픈 신앙생활은 경우에 따라서 오히려 사이비 종교의 먹잇감이 될 수도 있다. 사이비 신도들은 정말 열심히 포교활동을 한다. 그들은 진실한 신앙생활을 하는, 중심이 잘 잡혀 있는 사람을 노리지 않는다. 또한 그들은 '종교가 없다'라고 말하는 사람도 내버려 둔다. 그들의 주된 포교 대상은 바로 어설프게 신앙생활을 하는 이들이다. 특히 목회자나 신앙 단체에 불만이 있는 사람은 사이비 신도들에게 '봉'으로 보인다. 흔히 '신앙에 너무 깊이 빠지지 말아라'라고 말하곤 한다. 물론 사이비처럼 되지 말라는 염려 때문일 것이다. 그러나 신앙에 깊이 빠지는 게 문제를 일으키는 것은 결코 아니다. 잘못 빠지는 게 여러 가지 문제를 일으킨다. 그래서 신앙생활을 겉모양으로 대충 하고 있는 이들이 아예 안 하고 있는 이들보다 조금 더 위험하다. 또한 젊은 사람일수록 더욱 조심해야 한다. 여러 모양으로 활용도가 높기 때문에 사이비 교주가 노리는 대상이 된다. 사이비 신도들은 청년 포섭을 위한 '대화 매뉴얼'도 이미 만들어 놓았다. 이럴 경우는 이렇게 말하고, 저럴 경우는 또 저렇게 말하는 식의 교본과 같다. '에이, 걱정하지 마세요. 나는 안 빠져요'라고 생각하는 이들을 포섭하기 위한 매뉴얼도 갖고 있다. 그들은 포교를 위해 심지어 자신의 신분을 거짓말로 속이거나 유명인을 가장한 사람을 우연히 만나는 식의 연극도 마다하지 않는다.

앞에서도 언급했지만, 이때 자신의 인생에 어떠한 위기(경제적 파산, 이혼이나 부부 싸움 등 가정적 문제, 실직이나 폐업 등 사회적 문제, 질병이나 사망 등 신체적 문제 등등)가 있다면 사이비 종교에 보다 쉽게 걸려들게 된다. 한 사이비 신도는 위와 같은 사람들은 자신과 대화를 시작하기만 하면 '식은 죽 먹기'라고 말할 정도다.

물론 올바른 신앙생활을 열심히 하자는 게 단순히 사이비 종교에 빠지지 않기 위해서 하는 말은 결코 아니다. 진리를 추구하는 나의 삶을 통해 영적으로나 육적으로 건강하고 평안하게 살자는 것이다.

둘째, 어느 신앙 단체에 가보았을 때, 그 단체의 대표자를 '특별한 존재'로 부르거나 인식하는 곳은 무조건 피하는 게 좋다. 다음과 같은 식의 말이 들리면 그곳에 속하지 않는 게 좋다.

'우리 단체 아무개(대표자 포함)는 정말 특별한 사람입니다', '아주 특별한 은사와 능력이 있는 사람이 있습니다', '신으로부터 특별히 부름을 받은 사람입니다'라는 등을 예로 들 수 있겠다. 이처럼 자신의 단체를 설명한다며, '특별한 존재'에 해당되는 누군가를 홍보하는 경우가 정말 많다. 소위 특별한 존재가 특별한 행위나 능력을 보여준다는 식이다. 사이비 단체의 대표적인 특징 중 하나가 바로 이런 것이다. 교주라는 특별한 인간에 집중되어 있다. 이런 단체는 무조건 거르는 게 좋다. 설령 그 단체가 지극히 올바른 신앙단체라 할지라도 마찬가지다. 그런 곳은 쳐다보지도 않는 게 좋다. 특별한 인간이 없는 곳이 차라리 좋다. 그래야 신에게 초점을 제대로 맞출 수가 있다. 특별한 인간은 오히려 방해다.

셋째, 신비와 신비주의를 구분해야 한다. 신앙생활을 한다는 것은 사실 '신비 mystery'에 속하는 일이다. 신을 믿고 자신의 삶과 앞날을 그 신에게 진심으로 의지하고, 그 신과 동행하며 산다는 것 자체가 '신비'가 아닐 수 없다. 신앙생활을 하지 않는 이들에게는 이해할 수 없는 일이다. 신앙생활을 하지 않는 이들은 자기 자신을 믿고 자신의 뜻대로 인생을 살아간다. 그러나 참된 신앙생활은 참된 진리를 추구하며 이웃을 사랑한다. 설령 자신에게 손해가 난다 하더라도 그렇다. 그것이 신비다.

그러나 신비주의mysticism는 신비와 전혀 다르다. 신비주의란 무엇인가? 그것은 '신비스럽다'라는 어떤 현상, 즉 희한해 보이는 어떤 모습이나 현상들을 추구해가는 것을 말한다. 예를 들어 '누가 무엇을 봤다', '누가 입신을 했다', '신의 음성을 듣는다', '거기 가면 모든 질병이 낫는다', '누가 천국엘 방문했다' 등의 소문을 찾아다니는 것이다. 이러한 신비스러운 체험이라는 것은 사이비 종교나 어느 특정 종교에만 해당되지 않는다. 대부분의 종교에서 발견된다. 그러한 신비스러운 체험들 자체가 모두 가짜이거나 부정적이라고 하는 말이 아니다. 신앙생활을 한다면서 그러한 체험에 초점을 맞추면 사이비 교주의 유혹에 빠지기 쉽다는 것을 지적하려는 것이다. 사람들은 위와 같은 신비주의적 체험을 통해 황홀함에 빠지는 것을 좋아한다. 사이비 교주는 그 사실을 잘 알고 있다. 그리고 잘 이용한다. 교주는 '봤다, 들었다, 느꼈다, 만졌다' 등의 체험 요소를 자신의 특별한 능력으로 포장하려 한다. 제일 많이 사용하는 게 '질병 치유'라 할 수 있다. 환자와 그 가족은 언제나 '치유'에 목말라하고 있다. 기적의 체험을 원한다. 교주는 그것을 잘 이용한다. 자신의 목적을 위해서 말이다.

사이비 교주에 의한 폐해는 상상 그 이상으로 심각하다. 교주에 의한 성폭행, 노동 착취, 재산 갈취 등의 불법적, 비도덕적 행태는 이미 개인을 넘어 사회와 국가의 문제가 되고 있다. 현재 일부 교주가 위 문제 등으로 여전히 법원의 재판을 받고 있는 중이다.

사이비 교주에 빠지지 않았다면 그것은 그저 '감사'할 일이다. 동시에

그것으로 힘들어하는 이들을 위해 조금의 노력을 기울일 책임이 있다고
본다. 그것은 우리가 이 세상에서 함께 살아가고 있기 때문이다.

나는 교주다

나가는 말

나는 기독교인이자 장로교 목사이다. 물론 사이비 종교 전문 취재 기자로 사역을 해왔다. 이 책 서두에서도 언급했지만, 이 책을 통해 내가 원하는 바는 딱 한 가지다. 기독교인은 물론 어느 누구든지 어떠한 사이비 사상이나 교주의 유혹에 걸리지 않았으면 하는 것이다. 우리네 가정, 사회, 교회가 건강하기를 바라는 바다. 그것을 위해 이 책이 예방주사와 같은 역할을 했으면 정말 좋겠다.

만약, 독자나 주변 사람들이 위와 같은 사이비 교주에게 걸렸다면 어떻게 해야 할까? 우리에게 도움을 줄 수 있는 상담소가 몇 곳 있다. 그곳을 통해 상담은 물론 자료 등을 얻으며 도움을 받을 수 있다. 한국기독교이단상담소협회www.jesus114.net가 그중 하나다. 그 인터넷 사이트에 접속하면 전국에 각 지부가 있음을 알 수 있다. 각 지부 연락처가 대표자가 명시되어 있다. 그곳을 통해 전문가 상담을 받을 수 있다. 그 사이트 안에 사이비 교주에 빠졌다가 이탈한 이들의 탈퇴 간증이나 수기도 접할 수 있다. 적지 않은 도움이 될 것으로 본다.

또한 월간 《현대종교》www.hdjongkyo.co.kr와 인터넷 신문 《교회와신앙》www.amennews.com, 기독교방송www.cbs.co.kr 등은 사이비 관련 내용을 취급하는 언론 사이면서 동시에 상담도 진행한다. 역시 이들 기관을 통해 도움을 받을 수 있다. 위 기관들은 언론사이기 때문에 사이비 관련된 취재 보도된 내용의 자료들도 받아볼 수도 있다. 괜찮다면 취재 요청을 해서, 사이비 교주의 행태를 폭로하도록 할 수도 있다. 그 외 다수의 상담 기관이 있을 수 있다.

요즘은 유튜브 세상이다. 유튜브에 없는 자료가 없을 정도다. 사이비 교주 관련된 내용도 차고 넘치도록 많다. 그런데 유튜브 영상을 접하다 보면, 어떤 것이 정통이고 또 어떤 것이 사이비인지 혼동될 때도 많다. 예를 들어 A라는 인물에 대해 정통 신앙인이라고 주장하는 유튜브 방송도 있고 반대로 사이비 신앙인이라고 주장하는 내용도 있다. 모두 유튜브 방송 화면을 잘 만들어 놓아 일반인들이 구분하기 쉽지 않다. 이럴 경우 공식적으로 사이비와 이단을 규정한 명단을 한 번쯤 살펴보는 것도 도움이 된다.

위 월간 《현대종교》 인터넷 사이트에 접속하면 오른쪽 하단에 '교단 결의'www.hdjongkyo.co.kr/news/sub.html?section=42264&category=42268라는 항목이 있다. 이 곳을 클릭하면 그동안 한국교회가 공식적으로 이단 혹은 사이비로 규정한 단체와 인물들을 정리해 놓은 것을 볼 수 있다. 매년 업데이트되기 때문에 최신 자료를 살펴보는 게 좋다. 대한예수교장로회(통합) 이단사이비 문제상담소 인터넷 홈페이지www.pck.or.kr/bbs/board.php?bo_table=SM04_06를 통해 자료를 살펴볼 수도 있다. 위 두 사이트를 이용하는 데 비용이 들지는 않는다. 이단이나 사이비 관련 서적들도 이미 많이 출간되어 있다. 일일이 언급하기에는 그 수가 많아 본 난에서 취급하기가 벅차다. 다만 위 언론사 홈페이지에 들어가 소개된 서적들을 참고하면 좋으리라 본다. 사이비 교주가 얼씬거릴 수 없는 행복한 가정, 건강한 일터, 사랑이 넘치는 신앙 공동체가 되기를 다시 한번 소망한다.

나는 교주다

초판 1쇄 인쇄	2024년 10월 2일
초판 1쇄 발행	2024년 10월 10일
지은이	장운철
펴낸이	정해종
펴낸곳	(주)파람북
출판등록	2018년 4월 30일 제2018-000126호
주소	경기도 회동길 480 아트팩토리엔제이에프 B동 222호
전자우편	info@parambook.co.kr
인스타그램	@param.book
페이스북	www.facebook.com/parambook/
네이버 포스트	m.post.naver.com/parambook
대표전화	031-935-4049
편집	현종희
디자인	이승욱
ISBN	979-11-7274-013-9 03380